운명을 보는 기술

역술가 박성준이 알려주는
사주·관상·풍수의 모든 것

운명을 보는 기술

박성준 지음

page2

[목차]

서문 · 눈에 보이지 않는 신호가 있다 · 5

 나를 알면 행운이 온다
『사주팔자』

운이 좋아질 때 나타나는 변화와 신호 | **세운과 대운**	· 15
운을 없애는 사람 | **그릇**	· 23
균형을 맞춰야 운이 트인다 | **팔자와 오행**	· 29
운은 '나'를 통해 들어온다 | **생년월일시**	· 37
타고난 천성을 알아보는 법 1 | **일간**	· 43
타고난 천성을 알아보는 법 2 | **상생과 상극**	· 50
타고난 천성을 알아보는 법 3 | **십성**	· 57
사랑받고 싶다면 지갑을 선물하라 | **재**	· 96
자유로운 영혼이 갖지 못하는 것 | **관**	· 105

얼굴을 보면 운명이 보인다
『관상』

첫인상이 제일 중요하다 | **8가지 상**	· 115
너와 나의 미래가 보인다 | **얼굴 궁합**	· 122
몸이 천 냥이면 눈이 구백 냥이다 | **눈 크기**	· 127
출세운이 있는 얼굴 | **관록궁**	· 131
재물운이 넘치는 얼굴 | **재백궁**	· 134
사기꾼은 눈빛부터 다르다 | **악상·삼백안·빈상**	· 137
바람둥이 상은 따로 있다 | **도화안**	· 144
결혼을 늦게 하는 얼굴 | **코·관골**	· 151
악질형 인간 피하는 법 | **격**	· 156
위선자는 평생 피해를 준다 | **비루함**	· 163
멍청한 사람도 일단 피하고 보자 | **바보상**	· 166
수술, 시술 받으면 인생이 바뀔까? | **명궁**	· 169
스스로 운을 깎아 먹는 사람 | **빈천상**	· 175
울림이 있고 맑은 목소리로 대화하라 | **음성**	· 178

三 사람을 읽어라
『미래』

표정이 전부가 아니다 | **이면**	· 185
엎질러진 물은 흘려보내라 | **과거**	· 188
오해와 진실, 그리고 진심 | **인연**	· 191
처음에 최선을 다하라 | **마음의 관성**	· 198
잃을 것이 없어진다 | **방향**	· 201
사람이 곧 운명의 문이다 | **인간관계**	· 205
내면에 귀를 기울이는 동양철학 | **관상**	· 208

四 영감과 직감을 길러라
『통찰력』

전조를 알면 시간과 돈을 아낀다 | **징조**	· 215
나쁜 운을 피하는 방법 | **아홉수**	· 220
처음에 사랑하지 않은 것을 사랑하지 말라 | **찰나의 감정**	· 231
오래도록 사랑하는 부부의 비밀 | **오감**	· 234
진상은 일단 피한다 | **사람 운**	· 243
행복은 늘 현재에 있다 | **나다운 일**	· 250
성급하면 바닥으로 떨어진다 | **인정의 힘**	· 256
남을 살피는 것이 나를 위하는 것이다 | **이타심**	· 260

운을 부르는 자리가 있다
『풍수명당』

부자 동네가 산 중턱에 만들어지는 이유 | **발복**	· 273
바람을 소홀히 하면 건강을 잃는다 | **풍파**	· 278
물은 곧 재물이다 | **장풍득수**	· 283
잔잔하게 굽이치고 터를 감싸고 흐르는 곳 | **W · S모양**	· 286
풍수가 좋은 자리 | **재물복**	· 291
원룸도 가능한 풍수 인테리어 | **공간 에너지**	· 293
간절한 소원이 있다면 관악산에 올라라 | **기도 명당**	· 299

눈에
보이지 않는
신호가 있다

서문

    나는 대화할 때 사람과 사람 사이에 오가는 다양한 신호를 얼마나 정확하게 읽고 있을까? 좋은 관계는 편안한 대화에서 시작된다. 대화의 흐름을 놓치거나 상대의 기분에 아랑곳하지 않고 자기 얘기만 한다면 좋은 관계가 되기 어렵다. 말투나 표정, 단어 선택에서 드러나는 상대의 의도를 제대로 읽어낼 수 있어야 몇 단계 진전된 대화로 나아갈 수 있다. 물론 그보다 앞서 사람에 대한 통찰력을 키워놔야 한다.

상대가 말할 때 내가 하고 싶은 말을 정리하느라 시간을 보내지 말고, 대화에 집중하면서 상대가 말을 이어가는 방식이나 태도를 유심히 살펴 대응해야 한다. 그렇지 않으면 관계를 이어갈 좋은 기회를 날려버릴 수 있다.

대화는 본래 일목요연해야 그 내용이 상대에게 제대로 전달된다. 하지만 때와 상황에 따라 흐지부지 넘어가는 대화도 있다. 나의 체면을 지키기 위해 빙빙 돌려 말할 때도 있지 않은가. 이는 상대방이 먼저 내가 원하는 방향으로 말을 이어주길 바라면서 소통하는 것이다. 그러니 요점 없이 빙빙 둘러대는 대화도 일종의 의사소통이다. 대화의 초점을 숨긴 채 상대가 알아들었으면, 하는 태도도 하나의 의사소통 방법이다.

상대의 눈빛이나 표정, 시선과 손놀림, 음성 등 전반적인 태도를 보면 이 관계가 진전될지 아니면 어느 정도의 선에서 끝날지를 가늠할 수 있다.

"계약하겠습니다"라는 말을 들어야만 계약 여부를 아는 것은 아니다. 물론 그 말을 꺼내야 공표되지만 회의나 메일을 주고받는 과정을 통해 어느 정도 예측 가능하다.

"사랑해"라는 말을 들어야만 사랑받는다고 느끼는 것이 아닌 것처럼 말이다. 말하지 않더라도 그 사람의 배려, 나에게 하는 말, 행동, 태도 등을 통해서 예측할 수 있다.

대화할 때는 오감(五感)과 이 오감을 넘어서는 육감(六感), 그리고 뇌로 느끼고 받아들이는 칠감(七感)에 이르기까지의 모든 감각을 열고 상대를 봐야 한다. 이렇게 상황에 몰입하고 전체적으로 느끼고 받아들여야 잠들어 있던 잠재 능력이 깨어나고 꿈에 의한 예지도 가능해진다. 사람을 잘 읽게 되면 일, 사랑, 돈, 무엇이든 성공하고 얻을 수 있다.

아울러 일이나 사람을 만나는 초기에 일어나는 사건들은 주의 깊게 살펴봐야 한다. 누군가를 만나는 날이나 중요한 약속이 있는 날 교통사고가 나거나 신호 위반으로 과태료를 내는 일이 생긴다면, 혹은 그밖에 사소한 일이라도 안 좋은 신호가 쌓인다면 지금 하려는 일이나 관계에 대한 일종의 경고다. 따라서 이런 경우 더 주의하고 면밀하게 검토한 뒤 진행하는 것이 좋다.

운명을 알려주는 신호는 말, 태도, 얼굴 표정이나 작

은 사고의 전조 등 다양한 형태로 나타난다. 이것들에 지나치게 얽매일 필요는 없지만, 어느 정도 주의하는 마음가짐은 가져야 한다.

    이런 신호를 알아보는 훈련을 매일 반복한다면 어느 순간 퇴화되었던 동물적 감각이 발달해 인생을 변화시킬 수 있을 것이다. 여러분의 눈앞에 그날이 빨리 찾아오길 바란다.

박성준

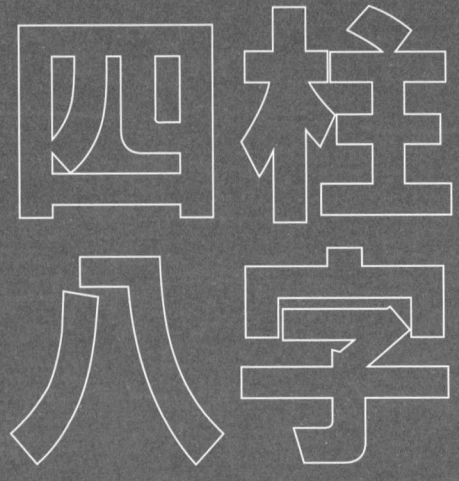

사주팔자 ♦♦♦♦♦♦

나를 알면 행운이 온다

자신을 알면 번영한다.

운이 좋아질 때 나타나는 변화와 신호

好事多魔
좋은 일이 생기려 하면 마가 낀다.
큰 행운이 오기 전에는 작은 시련이나 방해가 따라온다.
변화의 신호다.

운이 좋게 바뀔 때는 어떻게 알아볼 수 있을까? 어떤 신호가 있을까? 내 주변에 어떤 강력한 한 인물이 나타나게 된다. 그 인물은 동성이나 이성을 가리지 않는다. 멘토나 선생님 같은 역할일 수도 있고 지인이나 동료 등 가까운 사람을 통해서 소개받은 사람일 수도 있다. 그 사람의 생각이나 가치관이 나에게 많은 영향을 미치고 그 사람을 통해서 세상이 조금 열리는 듯한 느낌을 받는다. 악연은 없어지고 좋은 인연이 생겨나는 등 내 주변 사람이 변한다. 인연이 달라지는 것이다.

내가 많은 시간을 보내고 소통하는 대상이 이전과는 다른 사람들로 변화한다면 운이 좋게 바뀔 수 있다. 주변 사람들이 바뀐다는 것은 어떤 특정 인물이 나에게 들어오거나 어떤 사람과의 관계가 틀어져서 영영 보지 못하게 되는 일만을 말하는 게 아니다. 퇴사를 하거나 이혼을 하는 등 일신상의 환경 변화도 포함된다. 이 모든 것은 나와 함께 한 인연들이 변화하는 것이고 이를 운이 바뀌는 전조로 이해할 수 있다. 그러니까 내 주변에 가까이 있는 사람들, 내가 많은 시간을 함께 보내는 사람들이 어떻게 변화하는지 살펴보는 것만으로도 내 운이 달라지는 것을 조금 알아차릴 수 있다.

2019년 3월 미국 뉴저지주에 사는 54세 마이크 위어스키는 무려 2억 7300만 달러(당시 약 3000억 원)의 메가밀리언 복권에 당첨됐다. 인생 역전을 이룬 위어스키는 그야말로 천운이 따른 사례다. 그는 뉴저지주 한 상점에서 복권을 구입했으나 핸드폰을 보다가 그만 잃어버리고 말았다. 집에 돌아온 위어스키는 아무리 찾아도 복권이 없자 다음 날 상점에 찾아가 물었고, 점원은 한 손님이 가게 바닥에서 주운 것이라며 복권을 돌려줬다. 그렇게 위어스키는 3000억 원에 달하는 당첨금을 받게 된다. 만약 주운 사람이 그대로 가지고 있었다면 거액은 그의 차지가 될 뻔했다.

이 당첨 사례는 현지에서 큰 주목을 받았다. 극적인 스토리 자체도 화제였지만, 불과 몇 달 전 그가 이혼을 겪었다는 사실이 알려지면서 더욱 관심을 끌었다. 위어스키는 수년간 실직 상태였으며 경제적으로 가정을 책임진 이는 전 부인인 에일린 머레이였다. 15년간 결혼 생활을 이어왔던 두 사람은 결국 이혼했으며 부인 머레이는 그에게 위자료까지 지급해 오고 있었다.

운이 달라지는 것은 계절이 달라지는 것과 비슷하다. 계절이 바뀔 때, 즉 계절과 계절 사이에 찾아오는 간절기에는 항상 건강에 신경 써야 하는 것처럼, 운과 운 사이에는 '교운기'라는 운이 교차하는 시점들이 있게 마련이다.

교운기에는 여러 가지 돌발적인 상황이나 변동, 사고, 심리적인 변화도 많이 생긴다. 이에 따라 자신의 마음 상태, 의식이나 사유의 방식도 변하게 되는데 이것이 바로 운이 좋게 바뀔 때의 모습이다.

그러니까 같은 현상이라고 하더라도 내가 그것을 바라보고 있는 마음이 덜 불안하게 느껴진다거나 아무렇지도 않게 여겨진다면 운이 달라지고 있다는 신호다. 내 마음이나 의식, 생각이나 사고의 전환이 일어나는 것은 운이 달라지는 시작점으로 볼 수 있기 때문에 이런 변화도 잘 살펴볼 필요가 있다.

관심이 없던 것에 갑자기 관심이 생기면서 공부하게 되거나 더 깊이 탐구하게 되거나 아니면 주변의 물건들, 가구나 소품을 정리하고 버리는 일도 내 마음의 변화에서 비롯되는 일이라고 할 수 있다. 소유라는 관점으로 보면 어떤 것은 반드시 갖고 싶어지고, 다른 무언가는 과감하게 버리고 싶어지는 등 변화가 생긴다. 돈을 쓰는 대상이 달라질 수도 있다. 돈에 대한 생각이 많이 달라지기도 한다.

또한 그동안은 자존심 상하고 뭔가 잘 풀리지 않아 마음이 힘들었다면, 자존감이 올라가는 일이 생기고 자신감이 생길 정도로 어떤 일에 몰입하게 되는 변화가 생긴다. 명예에 대한 욕구가 생긴다거나 다른 사람에게 인정받고 싶은 욕구가 강해지기도 한다. 내가 상처나 아픔을 극복하고 견디면서 종국에는 이기고야 말겠다는 단단한 마음이 생기는 것도 운이 좋게 바뀌었을 때의 변화라고 볼 수 있다.

그러니 기억을 더듬어보면서 내가 좋았을 때와 나빴을 때를 생각해 보는 것도 중요하다. 특히 지난 운의 흐름을 자세히 살펴볼 필요가 있다. 내가 태어난 연도, 그리고 나이대별로 내가 그동안 겪었던 일 중에서 돈, 건강, 사람과의 관계 등 어떤 큰 문제나 심적으로 또는 정신적으로 많이 힘들었던 시기들을 정리해 보는 것이다.

명리학의 대표적인 고전 중 하나인 『삼명통회(三命通會)』는 원나라 만예가 집대성한 명리학 대전으로 사주 이론을 총망라한 책이다. 이 책에 따르면 대운(10년 단위로 바뀌는 운의 큰 흐름)이 교체될 때는 길흉이 바뀌며, 전환기에

충돌과 분쟁이 많다고 했다. 운이 바뀔 때는 인간관계나 환경에서 시련이 나타나므로 이를 중심으로 잘 살펴보면 좋다.

살아온 인생에서 운이 나빴을 때를 정리해 보면 아마 그 시기는 10년 정도의 간격을 두고 2~3년 사이에 몰려 있을 것이다. 예를 들어 27세, 28세, 29세에 안 좋은 일이 있었다면, 37세, 38세, 39세에도 안 좋을 확률이 있다고 이해하면 된다. 하늘의 기운인 '천간'의 흐름은 비슷하게 흘러가기 때문에 10년에 한 번씩 그 주기가 비슷하게 돌아오게 된다는 말이다.

물론 대운의 환경에 따라 달라지기도 하지만, 1년마다 바뀌는 '세운'이라는 매년의 운 또한 인생의 흐름을 좌우한다. 1년마다 바뀌는 세운은 천간과 지지로 구성된다. 그중 '천간'은 10개로, 10년 주기로 돌아간다. 따라서 내가 안 좋은 운이었던 과거의 나이대를 떠올리면서, 다른 나이대의 비슷한 숫자가 오는 시기에는 보수적이고 안정적으로 일을 처리하면 좋다.

운이 조금씩 좋아질 때는 얼굴빛부터 좋아진다. 낯빛

이 좋아진다는 말은 관상학적으로 찰색과 기색이 좋아진다는 의미인데, 메이크업으로 얻게 되는 얼굴색이 아니라 얼굴 안으로부터 드러나는 기색을 뜻한다. 잘 풀리는 사람들의 얼굴을 보면 얼굴에서 광이나 윤기, 빛이 나는 것 같은 인상을 받는다. 그래서 주변 사람들로부터 얼굴빛이 좋아졌다는 이야기를 듣게 된다. 그런 것들도 운이 좋아질 때 달라지는 모습이다.

다만 운이 좋아질 때는 마음이 복잡해지고 걱정이나 근심이 많아진다거나 단기간에 여러 가지 사건 사고들이 생길 수도 있다. 『주역』에도 "궁즉변(窮則變), 변즉통(變則通)"이라는 말이 나온다. 막히면 변하고, 변하면 통한다는 뜻으로 변화의 시점에는 반드시 막힘과 시련이 동반된다는 것이다. 그러니 좋지 않은 일이 일어난다고 하더라도 그 뒤에 어떤 일이 일어나는지를 잘 살펴봐야 한다.

운이 바뀌는 시기는 대략 이렇다. 매년의 운, 세운은 6개월 전후 그러니까 입추라는 양력 8월 즈음부터 운이 조금씩 바뀌고 10년마다 바뀌는 대운은 1년 반 전후로 운이 조금 바뀐다. 시기가 정확하게 딱 떨어져서 확 바뀐다기보다는 천천히 어떤 전조 증상을 보여주면서 내가 알아차릴 수 있게 주기적이고 반복적으로 어떤 신호를 보낸다. 그런 신호를 잘 살펴보면 자신의 운이 어떤 방향으로 흘러가는지 가늠해 볼 수 있다.

새로운 기운으로 전환될 때는 시험과 시련이 찾아오는 법이므로, 힘든 일이 생겼다면 이 원리를 떠올려보자.

운을 없애는 사람

**사주가 좋아도
덕을 닦지 않으면 흉하게 바뀐다.** •『적천수, 자평진전』
마음가짐과 행실이 운명을 바꾼다.

대운의 흐름을 사계절로 본다면, 계절의 변화는 우리가 어찌할 수 없는, 즉 통제할 수 없는 영역이다. 그러나 추운 겨울에 따뜻한 옷을 입고, 아침 저녁으로 기온차가 큰 환절기에 겉옷을 준비하는 일은 우리가 할 수 있는 영역에 속한다. 운이라는 것에도 우리가 노력할 수 있는 부분이 있다는 말이다. 따라서 나는 지금 어떤 모습을 하고 있는지, 어떤 운명을 향해 가고 있는지 점검해 볼 필요가 있다.

상담할 때 내담자가 안으로 들어오는 자세와 표정, 태도만 봐도 그 사람의 운명이 보인다. 이런 모습이 하나하나 쌓여 지금의 내담자를 만들었기 때문이다.

우선 운이 좋지 않은 사람은 하나 마나한 질문을 한다. 인생에 대한 깊은 고민이나 사유를 해본 적이 없으니 자신이 무엇을 알고 무엇을 모르는지 알지 못한다. 그러니 소위 말해 질문이 후지다. 하나 마나한 질문을 하면 들으나 마나한 답을 듣게 된다. 뭐가 뭔지를 모르니 왜 상담하러 와 있는지조차 알지 못한다. 여러 가지를 질문하며 내담자를 끌어가도 상담이 맥락 없이 흐르게 되는 경우가 많다.

이런 사람은 말이 장황하고 방향이 불분명하기에 대화가 어디로 향하는지 제대로 이해하기 힘들다. 군자의 소리는 항상 분명하고 완만하며 맑고 온화하며 힘이 있다. 또 성조와 리듬 강약을 모두 갖추고 있다. 소인의 소리는 유약하면서 경박하고 탁하고 딱딱하며 말을 빨리하지만 두서가 없다. 대화를 한다고 말을 섞지만 소통이 안 되니 인생이 빈천해지기 쉽다.

행복해질 수 있냐고 묻지만 행복이란 무엇인지 그 정의가 없고, 부자가 되기를 원하지만 부자의 기준을 모른다. 좋은 인간관계를 바라지만 무엇이 자신의 천성을 따르는 것이고 무엇이 천성에 반하는 것인지 모른다. 말년은 평탄하냐고 묻지만 평온한 말년은 무엇인지 사유해 본 적이 없다. 이는 생각이 부족했음을 보여주는 반증이기도 하다.

말을 제대로 듣지를 않으니 묻고 또 묻고, 같은 질문을 반복한다. 많이 질문하고 많이 듣는 것이 중요한 사람처럼 상담을 오직 시간의 길이만으로 측정하려고 한다. 눈앞에 보이는 손익만 생각하며 계산하지만 정작 인생에 도움이 될 만한 어떤 것도 얻어가지 못한다. 이런 사람은 보통 이렇게 부정적인 이야기로 마무리한다. "상담은 길게 봐주셨는데, 저한테는 할 말씀이 별로 없으신가 봐요"라며 자신이 운 없는 사람임을 스스로 증명한다. 이런 사람과는 30분 넘게 상담해도 운이 좋은 사람과의 명확하고 간결한 10분 상담보다 못하다.

또, 인생에 대한 책임과 자주성이 없으니 현실 속 자

신을 인정하지도 못한다. 받아들이지 않는 것이다. 자격지심과 열등감으로 타인과 비교하거나 그들을 비난하며 작은 것에 욱하고 분노한다. 자기 연민에 빠져 헤어나지 못한다. 누군가는 상담 중 건넨 '자기 연민'이라는 말 한마디에 인생이 바뀌는 경험을 하지만 누군가는 자신은 그런 사람이 아니라며 화를 낸다.

반면 성공한 사람들은 자신만의 명확한 기준을 가지고 있다. 그리고 그 기준으로 냉철하게 판단하여 말과 행동으로 옮긴다. 기준을 세우면 자연스레 삶에 질서가 잡힌다. 타인의 생각과 말에 휘둘리지 않고 자기가 추구하는 삶을 묵묵히 이어가기 위해서는 자신만의 기준을 잡는 것이 무엇보다 중요하다.

철학자 알랭 드 보통은 자신이 진정 원하는 것을 알아야 하는 이유를 이렇게 설명한다. "당신은 삶을 타인에게 맡기고 있기 때문에 두려움과 불안에서 벗어나지 못한다. 내가 진정 원하는 것과 향하는 곳을 알면 타인의 중요성은 뚜렷하게 약해진다. 당신이 걷고 있는 길이 모호할수록 타인의 목소리와 주변의 혼란, 소셜미디어의 통계와 정보 등이 점점 커지면서 위협적으로 다가온다."

결국 사람은 다 자기 그릇대로 살아간다. 운이 좋은 사람은 좋은 대로, 운이 나쁜 사람은 나쁜 대로, 세상사가 다 그렇듯 흘러간다.

다음은 운이 나쁜 사람들의 공통적인 태도다. 어떤 길을 선택할지는 본인이 결정할 일이다.

1. 작은 신호를 무시한다.
   : 문제를 키운다. 호미로 막을 것을 가래로 막는다.
2. 탐욕과 오만이 크다.
   : 순간의 행운도 불운으로 바꿔버린다.
3. 현실을 외면한다.
   : 주변의 상황을 잘 보지 못한다.
4. 자기 인식을 못한다.
   : 기회를 알아보지 못한다.
5. 분노와 집착이 강하다.
   : 사람과의 관계를 잃고 고립된다.

다음은 예로부터 전해져 내려온 운이 나쁜 사람에 대한 해석이다. 시간의 검증을 거친 문장이니, 차분히 곱씹어 보길 바란다.

- 변화에 순응하지 못하고 고집스럽게 한 방향만 고수하는 자는 흉하다. 『주역』
- 소인은 가까운 이익만 보고, 군자는 먼 도리를 본다. 『논어』
- 눈앞의 욕심만 좇으면 운이 막힌다. 『논어』
- 욕심과 집착이 큰 자는 스스로 고통을 만든다. 재물과 명예에 대한 지나친 집착은 악운의 원인이다. 『법구경』

균형을 맞춰야 운이 트인다

지나침과 모자람이 모두 흉하다. •『중용』
균형을 잃으면 운이 트이지 않는다.

 사람은 누구나 배가 고프면 먹는다. 끼니때라면 밥을 먹고 아직 밥 먹을 때가 아니라면 간식을 먹는다. 배고픈 상황에서 벗어나기를 원하는 신체의 욕구에 자연스럽게 응하는 것이다. 맛이 있든 없든, 일단 배를 채워 배고픔을 잊게 되면 식욕은 온데간데없이 사라지고 만족감이 차오른다. 하지만 거기서 조금 더 먹거나 평소보다 많이 먹어 배가 빵빵해지면 오히려 불쾌해진다. 그러면 우리는 배가 적당히 불러 만족스러운 상태가 될 때까지 몸을 움직이거나 산책을 해서 균형을 맞추려고 한다.

만족을 위해서는 적당한 포만감이 필요하다. 포만감은 배고픔, 굶주림, 목마름 같은 결핍이나 과잉이 없는 상태다. 둘 중 한쪽으로 쏠리게 되면 균형이 깨져 초조하거나 답답하고 기분도 나빠진다. 신체는 적당한 포만감, 즉 균형을 유지하는 조절 기능을 이미 갖추고 있다. 이것이 한쪽에 치우치지 않는 음(陰, -)과 양(陽, +)의 조화, 곧 '중화'다. 아주 배가 고픈 상태인 '음'도 편하지 않고, 배가 불러 불쾌감마저 드는 '양'이라는 상태도 불편하기에 중화되어 안정되고 편안한 상태를 찾는 것이다.

세상의 모든 물질은 모두 음과 양으로 상태를 나눌 수 있고, 오행(五行)이라는 것으로 구성되어 있다. 가늘거나 어둡고 들어가 있고 차가운 것은 음(마이너스 기운)이고, 굵거나 밝고 튀어나와 있고 따뜻한 것은 양이다. 이렇게 '음양'과 '오행'의 균형과 조화를 근본 원리로 하는 학문이 사주학이다.

사주팔자(四柱八字)란 말 그대로 '네 개의 기둥과 여덟 개의 글자'다. 태어난 생년, 생월, 생일, 생시의 네 가지 기둥이라는 큰 틀이 한 사람 운명의 빈부귀천을 결정한다고 해서 '사주'고, 각 기둥의 틀이 글자 두 개씩으로 이루어져 있어, 전체 합이 여덟 글자가 되므로 이를 '팔자'라고 한다.

팔자는 각각 오행 중 하나의 의미를 가진다. 여기서 오행이란 우주 물질을 구성하는 다섯 가지 요소인 목(木), 화(火), 토(土), 금(金), 수(水)를 가리킨다. 순서대로 나무,

• 오행을 나타내는 환경 요소

오행	목(木)	화(火)	토(土)	금(金)	수(水)
방향	동쪽	남쪽	중앙	서쪽	북쪽
색상	청색, 녹색	붉은색, 분홍색	노란색 계열	흰색	검정색
자연 환경	봄, 나무가 우거진 숲	여름, 볕이 잘 드는 곳 또는 산	대지, 마당이나 흙이 많음	가을, 바위가 많은 산	겨울, 강이나 하천이 인접한 곳
자재 또는 소품	나무	벽난로	흙	대리석	수족관, 어항

불, 흙, 바위(또는 쇠), 물을 의미한다.

오행은 방위나 색깔, 계절로도 나타낼 수 있는데, 나무인 '목'은 동쪽과 청색 또는 녹색, 봄을 의미한다. 불인 '화'는 남쪽과 붉은색, 여름을 뜻하고, 흙인 '토'는 중앙, 노란색 계열을 말하며, 바위인 '금'은 서쪽, 흰색과 가을을 의미한다. 물인 '수'는 북쪽으로 검은색과 겨울을 표현한다.

이 오행은 음과 양을 만나서 음의 목, 양의 목, 음의 화, 양의 화, 음의 토, 양의 토, 음의 금, 양의 금, 음의 수, 양의 수, 이렇게 10개로 나뉜다. 그리고 10개의 오행이 팔자라는 8개의 글자에 하나씩 들어가게 된다. 이중에서 중심이 되는 것은 '자기 자신'이라는 오행인데, 이것은 태어난 날(생일)에 의해서 결정된다.

다음 쪽 예시를 통해 팔자의 구성을 살펴보자. 어떤 사람의 사주팔자가 그림과 같다면 '자기 자신'의 자리는 토(흙)가 된다. 이외에 목(나무)이 1개, 화(불)가 1개, 수(물)가 2개, 토(흙)가 3개다. 자기 자신의 토(흙)와 합해서 도합 8개의 오행이 생기는 것이다.

• 팔자의 예시

기둥 4	기둥 3	기둥 2	기둥 1
생시	생일	생월	생년
시간의 기둥 = 시주	날짜의 기둥 = 일주	달의 기둥 = 월주	연의 기둥 = 연주
목 (나무)	토(흙) *자기 자신*	화 (불)	수 (물)
토 (흙)	수 (물)	토 (흙)	토 (흙)

이 사람의 팔자 구성은 토(흙)라는 오행에 쏠려 있다. 화(불)도 결국 토(흙)를 도와주는 오행이므로 토(흙)의 기운이 아주 강해지는 모양새가 된다. 그리고 오행 중 금(바위, 쇠)의 기운은 없다.

어떤 사주든 이런 식으로 오행이 한쪽으로 편중되어 있기 쉽다. 하나의 오행이 강하면 극단적인 배고픔이나 기분 언짢은 배부름처럼 한쪽으로 치우쳐 좋지 않은 법이다. 이럴 때는 중화가 되어야 한다. 중화가 잘되는 시기를 기다리는 것이 바로 운이다.

목마른 사람이 물을 마셔서 어느 정도 갈증이 해소되었다면 이는 중화가 된 것이고 운이 좋아진 것이다. 체력이 떨어져 단 음식이 당기는 사람이 초콜릿 한 조각을 먹으면 기분이 좋아지고 초조했던 마음이 안정된다. 이제 살겠다 싶은 마음이 들기도 한다. 몸이 지쳐 단 음식이 필요한 사람이 초콜릿을 먹게 되어 안정 상태로 중화되었고, 이렇게 만들어준 초콜릿은 그에게 좋은 운으로 작용한 것이다.

식욕이 넘쳐 과식을 해서 배가 더부룩하다면 이는 너무 많이 먹은 상태, 즉 지나친 '양의 기운'이다. 시간이 조금 지나서 소화가 되고 가벼운 산책으로 배가 꺼지면서 편안해졌다면 이는 중화가 된 것이고, 이렇게 만들어준 시간과 산책은 이 사람에게 좋은 운을 가져다준 셈이다.

사주에도 균형이 중요하다. 현재 자신의 오행이 어느 한쪽에 편중되어 있으면 눌러주어 힘을 약하게 만들거나 기운을 빼서 중화시켜야 좋은데, 이렇게 균형을 만들어주는 오행이 들어오는 시기를 가리켜 '운이 좋다'고 말하는 것이다. 반대로 자신이 타고난 오행의 기운이 약하다면 배고픈 상태가 되는 것이므로 운에서 자신의 오행을 도와주는, 즉 '생하는' 운이 들어와야 좋다.

앞의 예시에서는 토(흙)의 기운이 너무 강하여 목(나무)이라고 하는 오행으로 눌러줘야 한다. 나무는 땅에 뿌리를 내리면서 '극하는' 성질이기 때문이다. 땅의 입장에서는 나무에게 '극을 당하는' 것이다. 토의 기운을 눌러줄 나무가 잘 자랄 수 있도록, 물(수)이라는 오행이 충분하면 더 좋은 환경이 될 수 있다. 따라서 이 사주에는 나무(목)와 물(수)이 절실히 필요하고, 10년마다 바뀌는 대운이나 매년 바뀌는 세운에서 나무(목)와 물(수)이 들어오면 일이 잘 풀리거나, 큰돈을 만지게 되거나, 좋은 짝을 만날 수도 있는 것이다.

반대로 운이 없다는 뜻은 몇 끼나 먹지 못해서 배가 아주 고픈 '음이라는 사람'에게 물도 한 모금 주지 않고, 죽도 밥도 그 어떤 음식도 먹지 못하게 해서 그 사람이 중화되지 못하고 더 극한 음으로 가게 되는 상태를 말한다. 또 이미 터질 것 같이 배가 부른 상태의 '양이라는 사람'에게 계속해서 음식을 주면서 억지로 먹인다면 더부룩한

배는 점점 더 빵빵해지면서 불쾌하고 답답한 경험을 하게 될 것이다. 견디기 어려운 이런 상태 또한 운이 없는 것이다.

그러므로 운이 트인다는 말은 균형이 맞았다는 의미다. 겨울에 태어난 불(화)을 생각해 보자. 안 그래도 겨울이라서 춥기만 한데 주변에 땔감으로 쓸 나무(목)도 없고 의지할 불(화)도 없다면 답답하기가 이를 데 없을 것이다. 이럴 때는 운에서 나무(목)와 불(화)이 들어와야 일이 잘 풀린다.

이렇게까지 반복해서 이야기하는 이유는 사람들의 사주가 한두 개의 오행에 쏠려 있는 경우가 많기 때문이다. 전체 오행의 균형이 중요하고, 이런 식으로 맞춰져야 운이 좋아진다는 것을 보여주고 싶었다.

모든 것에는 균형과 조화가 중요하다. 사주의 균형은 음양오행의 조화를 말하며 이것은 세상 모든 일에 똑같이 적용된다.

운은 '나'를 통해 들어온다

知人者智, 自知者明 · 『도덕경』
타인을 아는 자는 지혜롭고, 자신을 아는 자는 밝다.
자신을 알아야 운명을 제대로 다스릴 수 있다.

"너 자신을 알라." 인생의 시작은 자기 자신을 제대로 알고 이해하는 데서 출발한다. 나도 몰랐던 '나'에 대한 통찰과 내가 잘못 알았던 '너'를 이해할 때 우리가 바라는 운과 건강, 성장과 성공, 부와 명예가 만들어진다.

웹사이트나 애플리케이션에서 만세력 프로그램을 찾아 자신의 생년월일시를 입력하면 사주팔자라는 표가 나오고 그 안에 글자들이 보일 것이다. 이 사주명식으로 자신의 운과 성격을 알아낼 수 있다.

타고난 기질과 성향 등 나를 제대로 알아야만 달라질 수 있고, 그것을 넘어서는 성숙함과 성장하는 경험을 쌓아갈 때 인생은 변한다. 그리고 행운이 찾아온다. 이제부터 행운이 나를 찾아오는 방법을 함께 알아보자. 먼저 소개할 방법은 나를 제대로 아는 것이다.

인터넷에서 만세력을 검색하여 태어난 생년월일시를 입력한다. 양력과 음력을 구분하여 태어난 시간까지 입력하면 된다. 조금씩 차이는 있지만 대체로 비슷한 사주팔자 표가 나온다.

하나의 예로 1986년 5월 1일 오후 2시(양력)에 태어난 남자를 살펴보자.

· **1986년 5월 1일 오후 2시(양력)의 사주팔자 표**

시(時)	일(日)	월(月)	연(年)	구분
癸	乙	壬	丙	**천간**
未	巳	辰	寅	**지지**

먼저 한자들을 눈으로 익혀보자. 한자를 전혀 알지 못해도 어렵지 않게 따라 할 수 있는 과정이니 한자라고 해서 지레 겁먹을 필요가 없다.

우선 8개의 한자 중 윗줄에 있는 한자를 '천간'이라고 한다. 천간은 10개의 한자로 구성되어 있다. 10개라 10개의 천간, '10천간'이라고 한다.

• 10천간

갑	을	병	정	무	기	경	신	임	계
甲	乙	丙	丁	戊	己	庚	辛	壬	癸

사주팔자 표의 아랫줄에 있는 한자는 '지지'라고 한다. 지지는 12개의 한자로 구성되어 있다. 12개라 12개의 지지, '12지지'라고 한다.

• 12지지

자	축	인	묘	진	사	오	미	신	유	술	해
子	丑	寅	卯	辰	巳	午	未	申	酉	戌	亥

사주명리의 기본은 음양오행이므로, 10천간과 12지지를 오행(목, 화, 토, 금, 수)으로 치환해야 한다.

먼저 10천간을 음양오행으로 치환해 보자.

· **10천간을 음양오행으로 치환**

천간	갑 甲	을 乙	병 丙	정 丁	무 戊	기 己	경 庚	신 辛	임 壬	계 癸
오행	목 木		화 火		토 土		금 金		수 水	
음양 오행	양목 (+목)	음목 (-목)	양화 (+화)	음화 (-화)	양토 (+토)	음토 (-토)	양금 (+금)	음금 (-금)	양수 (+수)	음수 (-수)

천간인 갑과 을은 '목', 병과 정은 '화', 무와 기는 '토', 경과 신은 '금', 임과 계는 '수'다.

이렇게 천간이 오행으로 치환되고 각각의 오행이 음과 양으로 다시 나뉜다. 그러니까 갑은 '양의 목', 을은 '음의 목', 병은 '양의 화', 정은 '음의 화', 무는 '양의 토', 기는 '음의 토', 경은 '양의 금', 신은 '음의 금', 임은 '양의 수', 계는 '음의 수'가 된다.

이제 12지지를 음양오행으로 치환한다. 천간과 같은 방법이다. 마찬가지로 자는 '음의 수', 축은 '음의 토', 인은 '양의 목'과 같이 읽으면 된다.

· 12지지를 음양오행으로 치환

지지	자 子	축 丑	인 寅	묘 卯	진 辰	사 巳	오 午	미 未	신 申	유 酉	술 戌	해 亥
오행	수 水	토 土	목 木	목 木	토 土	화 火	화 火	토 土	금 金	금 金	토 土	수 水
음양 오행	음수 (-수)	음토 (-토)	양목 (+목)	음목 (-목)	양토 (+토)	양화 (+화)	음화 (-화)	음토 (-토)	양금 (+금)	음금 (-금)	양토 (+토)	양수 (+수)

이제 앞에서 언급했던 남자를 다시 떠올려보자. 사주명식의 천간과 지지를 음양오행으로 바꾸면 아래와 같다.

· 1986년 5월 1일 오후 2시(양력)

시(時)	일(日)	월(月)	연(年)	구분
癸 → -수	乙 → -목	壬 → +수	丙 → +화	**천간**
未 → -토	巳 → +화	辰 → +토	寅 → +목	**지지**

천간의 계는 '음의 수', 을은 '음의 목', 임은 '양의 수', 병은 '양의 화'이고, 지지의 미는 '음의 토', 사는 '양의 화', 진은 '양의 토', 인은 '양의 목'으로 치환된다.

• **음양오행으로의 치환**

시	일	월	연
癸	乙 *일간*	壬	丙
未	巳	辰	寅

시	일	월	연
-수	-목 *일간*	+수	+화
-토	+화	+토	+목

사주팔자 표에서는 태어난 날짜(일)의 글자가 중요하다. 앞에서 언급한 것처럼 '자기 자신'을 의미하기 때문이다. 이것이 한 사람의 운명과 태생적 기질을 파악하는 기준이 된다.

이를 태어난 날짜, 일(日)의 천간이라는 의미로 '일간'이라고 한다. 사주를 볼 때 "당신은 ○○으로 태어났다"고 말하는 기준 또한 이것이다. 목, 화, 토, 금, 수라는 오행 중 하나에 해당한다.

타고난 천성을 알아보는 법 1

知止而後有定, 定而後能靜 · 『주역』
멈출 줄 알아야 바르게 설 수 있고,
바르게 선 뒤에야 안정이 있다.
자신의 한계와 상황을 알아야 길운을 맞이한다.

일간은 천간의 자리이므로, 10천간 중 하나가 오게 된다. 이에 따라 아래와 같이 태어났다고 할 수 있다.

갑(甲) - 양의 목 : 아름드리 큰 나무

을(乙) - 음의 목 : 꽃이나 풀과 같은 작은 나무

병(丙) - 양의 화 : 태양

정(丁) - 음의 화 : 달이나 초롱불, 양초

무(戊) - 양의 토 : 드넓은 땅의 에너지

기(己) - 음의 토 : 축촉한 땅, 논

경(庚) - 양의 금 : 단단한 바위

신(辛) - 음의 금 : 날카로운 금속이나 보석

임(壬) - 양의 수 : 바다

계(癸) - 음의 수 : 옹달샘, 약수

1. 갑 (+목) : 큰 나무, 높이 솟은 소나무

부러지더라도 절대 굽히지 않는다. 성격이 대담하고 꿈, 이상과 포부가 큰 편이다. 하늘 높은 줄 모르고 위로 자라려고 한다. 이미 키가 클 만큼 컸는데도 더 자라고자 하는 욕구가 강하다. 이지적이며 사려가 깊고 활동적이며 견실하게 노력하는 스타일이다. 겉으로는 쾌활하나 자존심이 강하고 시종일관 무뚝뚝하고 우직하다.

2. 을 (-목) : 작은 나무, 풀, 꽃

변화에 민감하여 바람이 불면 누웠다가 지나가면 다

시 일어서는 풀과 같이 부드럽고 유연하다. 꾸준하게 노력하는 타입으로 인내심이 있지만 스트레스도 많은 편이다. 결단력이 약하고 질투심이 강하다.

3. 병 (+화) : 태양, 큰불

양의 기운 중에 가장 강하다. 태양처럼 높이 떠서 빛나고 싶어 한다. 통솔력과 지도력을 겸비하고 있고 말재주를 비롯해 재주가 많다. 불같은 성격 때문에 감정에 휘둘려 때로는 실수를 하지만 임기응변에도 능하다. 솔직하고 단순하여 비밀을 간직하기가 쉽지 않다. 감정이 분명해서 한번 싫은 것은 다시 좋아지기 어렵다.

4. 정 (-화) : 작은 불, 불씨, 촛불, 달

촛불이나 전깃불과 같은 작은 불꽃이지만 속으로는 강하고 예민한 감정을 소유하고 있다. 감성적이며 결단력과 실행력이 부족하며 의존심이 강하다. 서두르지 않는 편이고 합리적이지만 필요 이상으로 걱정하고 염려하느라 기회를 놓치는 경우가 종종 있다.

5. 무 (+토) : 넓은 땅, 벌판, 광야, 초원, 사막

땅의 근본 성질이라고 할 수 있는 신뢰와 신용을 중요시한다. 땅이라는 것은 다른 기운을 포용하는 성향이다. 드넓은 땅이므로 대륙적인 기질로 아량이 있다. 침착하고 꾸준하게 노력하는 스타일이지만 고집이 세고 다소 게으른 것이 단점이다. 비밀이 많아 마음을 잘 드러내지 않고 항상 언행에 신경을 쓴다. 반드시 성공하려는 집념이 있다.

6. 기 (-토) : 촉촉한 땅, 정원, 텃밭

부지런히 성실하게 살고 싶은 마음이 있다. 땅의 성향인 수용하는 특성이 강해서 내면에 관심이 많고 다소 보수적이다. 본심을 잘 표현하지 않고 자기 이야기도 잘 하지 않는 편이다. 속내를 털어놓는 사이가 되는 데에 시간이 오래 걸린다. 복잡한 세상을 싫어하고 사람을 잘 믿으며 순진하다. 믿음과 신용을 중요하게 생각하여 온갖 모략이나 술책이 판치는 세상에서 속거나 상처받기 쉽다.

7. 경 (+금) : 단단한 바위, 산의 바위

변하지 않는 굳은 마음으로 순수하게 살고 싶어 한다. 표정이 굳고 다소 딱딱하고 강인한 인상을 풍긴다. 선과 악의 구별을 분명하게 하려고 하니 좋거나 싫은 것에 대한 태도가 분명하다. 무던하게 인간관계를 잘 유지하기도 하지만 주변에서 크게 도움을 받을 수 있는 인맥을 만드는 데에는 관심이 적어서, 억울하게 구설에 오르기도 한다. 남의 어려움을 돕거나 억울함을 풀어주기 위해 자신을 희생하는 의로운 마음이 있고 리더십이 있다. 강자에 대항할 줄 알고 약자를 도와주려는 인간미와 의리가 있다. 정에는 약하다. 아첨할 줄 모르고 때론 너무 냉정하고 강직하여 손해를 보기도 한다.

8. 신 (-금) : 날카로운 금속, 보석

날카로운 내면을 가지고 있어 다소 성깔이 있는 편이다. 상처를 잘 받지 않지만 한번 받은 상처는 잘 지워지지 않아서 오래간다. 인간관계가 한번 틀어지면 회복하기 어려워 항상 관심을 갖고 세심하게 살펴보는 것이 좋다. 감성이 풍부하여 정에 좌우되기 쉬운 천성을 지니고 있다. 성격이 예민하고 까칠하지만, 스마트하고 판단이 예리하며 직감이 발달했다. 남녀 모두 멋을 안다.

9. 임 (+수) : 큰물, 바다, 강

큰 강물이나 바다를 뜻한다. 바다처럼 끝없이 흘러가서 세상의 끝을 보고 싶어 하는 마음이 있다. 지혜롭고 현명하다. 어떤 일이 일어나기 전에 미리 앞을 내다보는 통찰력이 남달리 뛰어나다. 한군데 머무르지 못하고 변화를 즐긴다. 다양한 분야에서 두각을 나타내며 팔방미인으로 여러 방면에 능통하다. 두뇌 회전이 빠르나 약간 고집이 있고 음흉하다.

10. 계 (-수) : 옹달샘, 계곡, 샘물, 이슬비

음의 기운 중에 가장 음적이다. 안개처럼 비처럼 감성이 살아 있는 삶을 살고 싶어 한다. 사물의 이치를 빨리 깨닫고 사물을 정확하게 처리하는 정신적 능력이 뛰어나다. 성격이 치밀하고 잔정이 있다. 무모한 도전이나 위험한 일은 하지 않고 안정을 추구한다. 희생정신과 서비스 마인드가 뛰어나 남의 부탁을 잘 거절하지 못한다. 만일 거절해도 계속 생각하느라 속이 불편해서 마음이 편치 않다.

타고난 천성을 알아보는 법 2

性命合一, 福祿自隨 · 「적천수」
천성과 운명이 하나가 되면 복록이 저절로 따른다.
자신이 타고난 기질을 알고
그에 맞게 살아갈 때 행운이 붙는다.

사주팔자의 8개 글자를 음양오행으로 바꾼 후에는 '자기 자신'을 의미하는 일간과 나머지 7개의 글자와의 관계를 봐야 한다. 여기서 말하는 관계란 일간과 오행이 같은지, 즉 상생(돕는 관계)인지 상극(견제 관계)인지 살펴보는 것을 가리킨다.

지금부터는 일간을 뺀 나머지 7개의 글자를 '칠자(七字, 일곱 개의 글자)'라고 하겠다.

• 일간과 칠자와의 관계

시(時)	일(日)	월(月)	연(年)
-수	-목	+수	+화
-토	+화	+토	+목

일간인 '-목'과 칠자의 관계는 왼쪽 상단 '-수'에서부터 시계 방향으로 살펴보면 된다. 일간인 '-목'은 다른 오행과의 관계를 알아보는 기준이 되므로 제외한다. 따라서 -수, +수, +화, -토, +화, +토, +목 순이 된다.

일간과 칠자의 오행이 같은지, 즉 '생하는' 관계인지 '극하는' 관계인지는 52쪽의 표에 따라 확인하면 된다. 생하는 것이 반드시 좋고, 극하는 것은 나쁘기만 하다는 의미는 아니다. 예를 들어 특정 오행이 과할 때 나를 더 생해 주는 오행이 온다면 넘치게 되어 흉하다. 과한 것은 극하거나 눌러주어 균형을 찾으면 좋아지기 때문이다.

• 오행의 상생 관계

오행	상생		
목 木	화 火	나무라는 땔감이 타서 불이 된다. 나무는 불을 생한다.	⋯ 목생화
화 火	토 土	탄 재는 흙이 된다. 불은 땅을 생한다.	⋯ 화생토
토 土	금 金	흙이 뭉치고 단단해져서 암석이 된다. 땅은 바위를 생한다.	⋯ 토생금
금 金	수 水	암반수에서 물이 나온다. 바위는 물을 생한다.	⋯ 금생수
수 水	목 木	물은 나무를 자라게 하여 생명을 만든다. 물은 나무를 생한다.	⋯ 수생목

• 오행의 상극 관계

오행	상극		
목 木	토 土	나무는 땅에 뿌리를 내린다. 나무는 땅을 극한다.	⋯ 목극토
화 火	금 金	불은 쇠를 녹인다. 불은 쇠를 극한다.	⋯ 화극금
토 土	수 水	흙은 물이 갈 방향을 막는다. 땅은 물을 극한다.	⋯ 토극수
금 金	목 木	도끼로 나무를 자른다. 쇠는 나무를 극한다.	⋯ 금극목
수 水	화 火	물이 불을 끈다. 물은 불을 극한다.	⋯ 수극화

밥과 빵이 들어오는 운이라고 배가 부른데도 마다하지 못하고 계속 받아 먹어서 속이 불편해진다면 이것은 흉한 일이다. 마찬가지로 태양의 햇살은 따스하지만 산불은 흉하다. 이때에 나무는 땔감이 되므로 불을 생해 주는 나무, 즉 '목생화'라는 상생의 상황은 좋지 못하다. 산불에는 오히려 강력한 물로 극해서 균형을 맞춰야 한다.

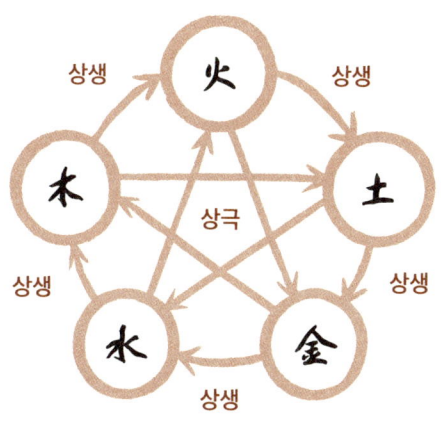

이제 일간과 칠자의 관계를 살펴보자. 앞에 나왔던 남자의 예시다.

• 1986년 5월 1일 오후 2시(양력)

시(時)	일(日)	월(月)	연(年)
-수	-목	+수	+화
-토	+화	+토	+목

먼저 일간인 '-목'을 기준으로 '-수'는 어떤 관계인지 확인해 보자. 나무는 물을 먹고 자라니 일간인 '-목'을 '-수'가 생해 주는 '수생목' 관계다.

다음의 '+수'도 나무에게 물을 공급하니 이 역시 '수생목'이다. 하지만 오행에는 음양이 있다. 일간과의 관계에서 생함과 극함이 있을 때도 음양의 양상이 다르다. 일간인 '-목'은 음의 목이다. '-목'이 '-수'에게서 생을 받으면 음의 수가 음의 목을 생하는 것이고, '+수'가 '-목'을 생하면 양의 수가 음의 목을 생하는 것이다.

이를 일간을 기준으로 음이 음을 생하면 (또는 양이 양을 생하면) '음양이 같게 생하는 것'이라 말하고, 양이 음을 생하면 (또는 음이 양을 생하면) '음양이 다르게 생하는 것'이라고 말한다. 이것은 지금과 같이 일간이 생을 받는 경우뿐 아니라 일간이 생하거나 또는 일간이 극을 하거나, 극을 당하거나 또는 일간과 오행이 같을 때도 모두 동일하게 적용된다. 뒤에서 다시 나올 내용이니 이해하기 어렵다면 가볍게 읽고 넘어가도 된다.

일간인 '-목'을 기준으로 '+화'는 어떤 관계일까. 나무는 불의 땔감이 되어 불이 타오르게 도우니 '목생화'다. 이 '목생화'는 일간인 '-목'이 '+화'를 생해 주는 것이고, 음의 목이 양의 화를 생해 주는 것이니 음양이 다르게 생을 해주고 있다.

그다음 '-토'는 일간인 '-목'이 땅에 뿌리를 내리는 모습이니 나무가 땅을 극하고 있다. '목극토'다. 음의 목이 음의 토를 극하고 있다. 둘 다 음으로, 음양이 같으면서 일간이 극하고 있다.

'+화'는 앞서 언급한 것과 같다.

'+토'는 일간인 '-목'이 땅에 뿌리를 내리면서 흙을 제압하므로 '목극토'가 되며 일간이 극하고 있다. 토와 목은 음양이 다르다.

'+목'은 일간 '-목'과 같은 오행이면서 음양은 다르다.

• 같은 오행, 상생, 상극 관계

일간	칠자 오행		해설
-목	-수	수생목	일간 '-목'을 음양이 같게 수가 생하고 있다.
	+수	수생목	일간 '-목'을 음양이 다르게 수가 생하고 있다.
	+화	목생화	일간 '-목'이 음양이 다르게 화를 생하고 있다.
	-토	목극토	일간 '-목'이 음양이 같게 토를 극하고 있다.
	+화	목생화	일간 '-목'이 음양이 다르게 화를 생하고 있다.
	+토	목극토	일간 '-목'이 음양이 다르게 토를 극하고 있다.
	+목	오행 동일	일간 '-목'과 음양이 다르지만 오행은 목으로 같다.

이처럼 일간과 칠자와의 오행과 음양 관계를 바탕으로, 타고난 기질과 성향, 직업, 배우자, 부모, 형제 등 모든 걸 드러내는 것을 '십성(十星)'이라고 한다.

이번에는 자신을 이해하는 데 기준이 되는, 각자가 가지고 있는 성정을 중심으로 십성을 살펴보려고 한다.

타고난 천성을 알아보는 법 3

知命者不怨天, 知己者不尤人 · 『주역』
자기의 운명을 아는 자는 하늘을 원망하지 않고,
자기를 아는 자는 남을 탓하지 않는다.
천성을 알면 원망 대신 수용이 생기고, 그 순간 길운이 열린다.

십성에는 다음과 같은 종류가 있다.

일간과 오행이 같고 음양이 같으면 '비견', 음양이 다르면 '겁재'라고 한다.

일간이 생하며 음양이 같으면 '식신', 음양이 다르면 '상관'이라고 하고,

일간이 극하며 음양이 다르면 '정재', 음양이 같으면 '편재'라고 한다.

일간을 극하며 음양이 다르면 '정관', 음양이 같으면

'편관'이라고 하고,

일간을 생하며 음양이 같으면 '편인', 음양이 다르면 '정인'이라고 한다.

또 십성을 두 개씩 묶어서도 부른다. 비견과 겁재는 '비겁', 식신과 상관은 '식상', 정재와 편재는 '재성', 정관과 편관은 '관성', 그리고 정인과 편인은 '인성'이라고 한다.

• **십성 종류**

십성		오행 관계	음양 관계
비겁	비견	일간과 같은 오행	일간과 같은 음양
	겁재		일간과 다른 음양
식상	식신	일간이 생하는 오행	일간과 같은 음양
	상관		일간과 다른 음양
재성	편재	일간이 극하는 오행	일간과 같은 음양
	정재		일간과 다른 음양
관성	편관	일간을 극하는 오행	일간과 같은 음양
	정관		일간과 다른 음양
인성	편인	일간을 생하는 오행	일간과 같은 음양
	정인		일간과 다른 음양

순서를 다시 한번 정리해 보면 아래와 같다.

1. 만세력으로 사주명식을 뽑는다.

· **사주팔자의 예(1986년 5월 1일 오후 2시 양력)**

시(時)	일(日)	월(月)	연(年)
癸	乙	壬	丙
未	巳	辰	寅

2. 천간과 지지를 음양오행으로 치환한다.

· **음양오행 치환**

시(時)	일(日)	월(月)	연(年)
癸 → -수	乙 → -목	壬 → +수	丙 → +화
未 → -토	巳 → +화	辰 → +토	寅 → +목

3. 일간을 기준으로, 나머지 7개 글자와의 오행과 음양 관계를 살펴본다.

• 일간과 칠자와의 관계

일간	칠자 오행	해설	십성
-목	-수 수생목	일간 '-목'을 음양이 같게 수가 생하고 있다.	편인
	+수 수생목	일간 '-목'을 음양이 다르게 수가 생하고 있다.	정인
	+화 목생화	일간 '-목'이 음양이 다르게 화를 생하고 있다.	상관
	-토 목극토	일간 '-목'이 음양이 같게 토를 극하고 있다.	편재
	+화 목생화	일간 '-목'이 음양이 다르게 화를 생하고 있다.	상관
	+토 목극토	일간 '-목'이 음양이 다르게 토를 극하고 있다.	정재
	+목 오행 동일	일간 '-목'과 음양이 다르지만 오행은 같다.	겁재

이렇게 어떤 십성이 내 사주에 들어 있는지 알면, 성격에 영향을 주는 타고난 기질 또한 알 수 있다. 같은 십성이 많다면 그 기질이 강하다는 것이며, 없는 십성은 그 기질이 약하다는 뜻으로 해석하면 된다.

· 십성관계

시(時)	일(日)	월(月)	연(年)
-수 → 편인	-목	+수 → 정인	+화 → 상관
-토 → 편재	+화 → 상관	+토 → 정재	+목 → 겁재

위의 표를 보면 비견, 식신, 편관과 정관이 없고, 겁재와 상관이 있으며, 편재과 정재, 편인과 정인이 있는 것을 알 수 있다. 이렇게 없는 기질은 자신이 가지고 있지 않은 성향이고, 있는 기질은 자신이 가지고 있는 성향이다.

기초 단계에서는 가지고 있는 십성의 개수가 많을수록 가중치를 부여해 그 성향의 강도가 강하다고 이해하면 된다. 또 음영 표시된 부분은 일간인 -목과 가까이에 있으므로 멀리 있는 것에 비해 성향의 강도가 다소 강하다고 판단한다.

이제 십성에 따른 기질을 살펴보자.

1. 비견 - 자존심

자기 자신에 대한 사랑이 깊다.

자존심이 강하다.

독립적이다.

자기 위주로 생각한다.

자아가 강하다.

자기 방식이 옳다고 믿는다.

자신에게 이익이 되는 일에 관심이 많다.

독선적이다.

고집이 세다.

주체적이다.

비견은 사람을 상징하며 사람과 대인관계를 주관한다. 고집과 자존심이 강해 자신이 원하는 일을 해야 만족하고, 관계에서 자존심이 상하는 경우가 많아 인간관계에 스트레스를 받기 쉽다. 타인의 조언을 듣기보다 독단적으로 판단하고 진행하는 경우가 많고, 하고 싶다가도 같은 일로 남에게 지시받으면 딱 하기 싫어지는 청개구리 기질도 있다.

협업보다는 독자적으로 일을 처리하고 책임을 지는 일이 적합하다. 어떤 일을 어쩔 수 없이 억지로 하게 되면 그렇게 일을 만든 사람을 원망하기 쉽지만 자기 스스로가 결정한 일에 대해서는 남다른 책임감을 갖는다.

일이 조금만 잘 풀려도 자존감이 살아나서 금세 의욕이 충만해지지만, 일이 풀리지 않으면 자존감이 급속히 떨어져 심리적으로 바닥까지 경험한다. 자존심이 강하면서 생각과 고민이 많기에 감정 표현이 서투른 사람은 일이 안 풀리면 고민과 부정적인 감정이 쌓이기만 하고 표출되지 않아 정신적으로 심한 고통을 겪기도 한다.

지금 어떤 일을 하고 있든 장기적으로 자기 분야에서 독보적인 위치에 오를 수 있도록 준비하는 것이 좋고, 무엇보다 자신이 하고 싶은 일을 해야 다른 사람에 비해 성과도 빨리 나오고 만족감도 크다.

비견이나 겁재가 많은 사주를 '군겁쟁재', 또는 '군비쟁재'라고 한다. 사주에서는 비견과 겁재가 재물인 재성

(편재, 정재)을 차지하기 위해 다툰다는 의미로 본다. 주변 사람들이 자신의 돈을 뜯어가려고 하니 재물이 들어올 때 관리를 잘해야 한다.

이성을 만날 때 권위적이거나 주장이 강한 상대는 어울리지 않는다. 연애를 하면서 상대방에게 불만이나 고쳤으면 하는 점을 지적받으면 자신에 대한 비난으로 받아들여 괴로워하고 견디지 못하는 기질도 있다.

직업은 이름만 대면 알만한 자부심을 가질 수 있는 군, 검, 경찰, 방송국, 신문사 등이 어울린다.

2. 겁재 – 경쟁과 승부욕

지고는 못 산다.
집념이 강하다.
남의 시선에 의한 자기 만족감이 강하다.
고독하다.
도전 의식이 강하다.

단지 지지 않기 위해 무모한 일을 하기도 한다.

승부욕이 강하다.

남의 시선에 의한 좌절감도 크다.

자존심에 상처를 받으면 쉽게 회복이 안 된다.

자기만족이 강하다.

겁재는 사람을 상징하며 대인관계를 주관한다. 비견과 마찬가지로 자존심과 인정 욕구가 강해 타인을 많이 의식한다. 겁재가 많은 사람은 사업을 지나치게 크게 벌이다가 실패할 확률이 있으므로 자신의 그릇에 맞게 돈을 관리하도록 주의해야 한다.

경쟁이 치열한 인생 속에서 스트레스를 많이 받을 수 있는 기질이다. 승부욕이 지나치게 커지는 것을 싫어해, 상황이 나쁠 때 무리한 반전을 시도하다가 오히려 크게 실패할 수 있으니 주의해야 한다.

무엇보다 성공을 체험하는 것이 중요하다. 크고 작은 성공의 경험들이 자신을 더 강하게 만든다. 그런 성공의 자신감으로 자신의 미래 이미지를 만들어간다면 좋은 결과가 나올 수 있다. 다만, 타인의 시선을 지나치게 의식하여 행복을 느끼거나 좌절하는 경우도 있어 조금 벗어나려고 노력하는 것이 좋다.

누군가를 이겨서 누르고 자신을 과시하는 방법으로는 이 '경쟁심과 승부욕'을 진정으로 채울 수 없다는 사실을 기억하자. 『손자병법』 모공편에 이런 말이 있다. '백 번 싸워 백 번 이기는 것을 최고라 하지 않는다(百戰百勝 非善之善者也, 백전백승 비선지선자야). 싸우지 않고 굴복시키는 것을 최고라고 한다(不戰而屈人之 兵善之善者也, 부전이굴인지 병선지선자야)'. 어쩌면 상대방을 굴복시킬 필요도 없다. 겁재는 타인과 위계의 우위에 자리하면서 채울 수 있는 마음이 아니다. 경쟁심과 승부욕이 무의미해질 수 있는 고매한 인격과 마음의 경지에 오르는 것이 최선이다. 결국은 자기 마음의 문제다. 어떤 인격인가에 따라서 앞으로 다가올 미래의 운이 크게 변할 수 있다.

다른 사람에게 무엇인가를 가르쳐 우위에 있음을 즐기고 만족하는 성향도 있지만, 오히려 아무것도 가르치지 않음으로써 더 큰 영향을 미칠 수도 있다. 내가 생각하는 방식, 살아가는 태도, 삶을 사는 모습 자체를 보고 타인이 스스로 따라하고 싶게 만드는 것만큼 강력한 방법은 없다.

겁재는 공부를 해도 도서관에서 불특정 다수와 경쟁해야 성적이 잘 나오는 스타일이다. 또한 다른 사람들이 가진 것을 자기 것으로 만들어 성공해 나가는 힘이 있다. 직업에서는 어떤 분야에서든 승부욕을 발휘해 원하는 것을 이루고 안정에 이르는 경우가 많다.

3. 식신 – 연구와 분석

하나에 빠지면 끝장을 본다.
파고들고 분석하는 데는 자신이 있다.
깊게 생각한 뒤 행동한다.
하나에 빠지면 주변이 잘 보이지 않을 정도로 몰입한다.
조용히 자기 일을 완성한다.
사회성이나 융통성이 부족하다.

자기의 길을 묵묵하게 가는 면이 강하다.

원리 원칙을 지킨다.

일 중심적인 사고를 하고 정치적이지 못하다.

통찰력이 부족하다.

식신은 언어와 의식주를 주관한다. 하나를 파고들어 분석하기 시작하면 누가 말려도 반드시 끝장을 보고 마는 성격이다. 집중도와 몰입도도 강해서 주변을 돌아볼 여력도 없다. 연구원, 기자 등 궁리하고 분석하는 일에서 두각을 나타낸다.

다만 인간관계에서 따지고 파고드는 태도를 유지하면 자칫 팍팍해질 수 있으므로 주의가 필요하다. 인간관계를 일의 잣대로 분석하려 한다면 주변 사람들이 피곤함을 느낄 수 있다. 이런 기질은 일간이 음일간일 경우 강하게 드러난다. 그래서 주변에 사람이 많이 없을 수 있다.

이성을 만나도 지나치게 몰아붙이거나 따지지 말고 때로는 넘어가 줄 수 있어야 사랑을 키울 수 있다. 굳이 이성이 아니더라도 자신의 기준에 맞지 않는다고 쏘아붙

일 필요는 없다. 우리는 각자가 모두 다른 생각을 하고 살아간다. 세상은 자기 기준으로만 살 수 없다.

　누군가의 잘못을 덮어주고 넘어가 주는 아량도 필요하다. 하나하나 따지고 잘잘못을 이야기하면 자기 속은 편할 수 있겠지만 그뿐이다. 주변에 있던 사람도 점점 없어지고 외로워진다. 조언을 구할 수 있는 선배도, 가끔 술 한잔하며 이야기할 친구나 후배도 없어진다.

　또 자기 기준에서 잘못된 것이지 보편적으로는 크게 문제 되지 않는 행동일 수도 있다. 설령 정말로 잘못했다면 잘못한 사람도 알고 있을 것이다. 상대방의 잘못을 눈감아주고 너그러이 넘어가 주는 것은 배려다. 그렇게 배려받은 용서는 다른 용서를 부른다. 용서받은 사람은 또 다른 누군가를 이해하고 용서해 준다. 너무 팍팍하게 하나하나를 따지며 옳고 그름을 나누려고 하지 말고 그냥 묻고 넘어가는 아량을 베풀어 본다면 집착했던 그 기준도 그리 중요하지 않다는 사실을 깨달을 수 있다.

　식신은 틀을 바꾸는 것을 싫어하고 혹여 바꾸면 또 그것을 지키려고 한다. 신중하기 때문에 변화를 좋아하지 않는다. 그러나 지나치게 신중하면 뭐든 행동하기가 어려운 법이다. 이것은 새로운 일에 자극받거나 인생이 변할 수 있는 가능성에 대해 문을 닫고 산다는 말이기도 하다. 이런 식신의 성향이 강한 경우, 노년에 이사 등을 통해 새로운 환경에 노출되면 스트레스를 많이 받고 건강에 악영향을 미칠 수 있다.

식신은 언어 능력, 말과 관련이 있어서 말로 먹고 사는 직업이 어울린다. 또 학문적으로 성공해서 전문가가 되는 경우도 많다. 말하거나 글을 쓰는 등 표현력으로 먹고 사는 직업이 어울린다. 작가, 배우, 아나운서, 예술가 등의 직업을 가진 사람에게도 드러나는 성향이다. 사업을 해도 자기가 직접 참여해서 일을 끌어가므로 한 분야에서 전문가가 되어 돈을 벌게 된다.

또 식신이 있으면 먹을 복이 있어 의식주로 인한 큰 어려움이 없이 풍족한 경우가 많다.

4. 상관 - 사교성과 표현력

감정 표현을 잘한다.

자기의 의견을 잘 표현한다.

순간적인 임기응변이 강하다.

사교적이고 사람 만나는 것을 좋아한다.

승부사 기질이 있다.

변덕스럽다.

깊게 생각하기보다는 충동적이다.

실속이 없는 편이다.

과시적인 면이 있다.

총명하다.

상관은 언어와 의식주를 주관한다. 개방적이고 총명하며 언어 능력이 뛰어나고 대화를 즐긴다. 상관이 식신과 함께 있으면 수완이 매우 좋다. 사람 만나는 것을 즐거워하고 주변에 사람이 많다. 많은 사람을 폭넓게 알고 지내는 경우가 많다. 인간관계에서도 융통성이 있어서 답답하지 않다.

감정을 다양한 각도에서 세밀하게 잘 표현한다. 표현력이 좋고 사람을 사귀거나 연애를 잘할 수 있는 성격이다. 애교가 있고 사람이 살갑다. 한 시간짜리 드라마를 본 뒤, 자신의 일상과 감정을 섞어 한 시간 반이 넘도록 흥미롭게 이야기할 수 있다. 말이 다소 많은 편에 속한다. 상관이 강한 두 사람의 대화를 듣고 있으면 비집고 들어갈 틈이 없는 경우가 많다.

스트레스도 적은 편이다. 멀리 가지 않아도 집 앞에서 차 한잔하며 즐겁고 유쾌할 수 있는 타입이다. 현재에 몰입하여 즐긴다. 즉흥적이어서 임기응변에 능하나 분위기에 휩쓸려 충동적으로 행동할 수도 있어서 이런 면은 주의해야 한다.

영업이나 서비스 등 사람 만나는 일이 어울리고 성과도 낼 수 있다. 상관이 없어도 서비스업을 할 수는 있지만 본인도 조금 불편하고 고객 입장에서도 그리 편치 않을 수 있다. 상관이 있고 코가 다소 짧은 듯이 작은 편이라면 사람을 상대하는 일에 어울린다.

또 혁명적인 변화를 꿈꾸는 사람이라서 기존의 질서를 뒤집어 자기 스타일대로 하려다 보니 인생에 굴곡이나 시련을 스스로 만들기도 한다. 창조적이고 대인관계가 유연하지만, 비판적 사고를 통해 언쟁이나 다툼도 잦기 때문에 인간관계가 순탄치만은 않다.

반항적인 성향으로 직장의 경직된 구조를 답답해해서 독자적으로 사업을 하는 경우가 많으며 새로운 시도에서 어려움이 있더라도 끝까지 목표한 바를 이루는 힘을 가지고 있다. 적극적이고 주도적으로 변화를 이끌기도 하지만 반대로 불평불만을 하면서 소극적으로 반항하기도 한다. 정치인, 변호사, 교수 등의 직업에도 상관의 성향을 가진 사람이 많다.

종합하자면 말이 시원시원해 타인에게 상처를 줄 수 있으니 늘 말을 조심하고, 개혁과 순응 사이에서 조화로움을 찾는 것이 중요하다.

5. 편재 - 관리와 통제 능력

공간지각 능력이 뛰어나다.

손재주가 있다.

다양한 지식이 많다.

활동적이다.

부드러운 면이 있다.

경제관념은 있으나 큰돈에 대한 생각이 많다.

반면 작은 돈에는 관심이 없다.

낭비한다.

야심이 있고 일확천금을 꿈꾼다.

풍류를 즐긴다.

체면에는 관심이 없다.

여행 갈 때 짐 정리를 잘한다.

편재는 비정기적인 돈이나 큰돈을 상징한다. 재(財)는 통제하고 싶어 하는 마음이다. 사람은 늘 자신을 둘러싼 상황을 통제하고 싶어 하고 그 기분을 느끼고 싶어 한다. 우울증은 자기 삶에 바꿀 수 있는 것이 아무것도 없다고 느낄 때 생긴다. 자신의 상황을 통제할 수 있는 힘을 박탈당하게 되면 우울한 마음까지 들게 되는 것이다. 특히 자신이 통제할 수 없는 상황이 되면 '재'가 발달한 사람은 우울한 마음이 훨씬 커진다.

편재의 성향을 가진 사람은 관리와 통제 능력, 공간지각 능력이 뛰어나다. 자기 통제하에 일목요연하게 정리하고 구분하는 것에 발군의 실력을 발휘한다. 적재적소에 사람이나 물건을 배치하고 일이 돌아가게 하는 능력이 있어 일을 시키는 것을 잘하고 좋아한다. 지배욕이 있다.

돈은 내가 무엇인가를 통제하는 것이다. 자신을 제대로 통제할 수 있어야 돈도 통제할 수 있다. 즉, 잘 벌고 잘 관리할 수 있다. 돈 개념이 아예 없는 편은 아니나 작은 돈에 관심이 없고 일확천금에 대한 동경이 커서 직장인 월급에 만족하기 어렵다. 이 월급을 받으려고 이렇게까지 일을 하나, 라고 생각하기 쉬운 심리 구조를 가진다. 아끼고 절약하고 차근차근 저축해서 잘살자는 마음은 찾아보기 힘들다. 한 방을 노리는 투기적인 경향이 크고, 위험하더라도 고수익 투자를 하려고 한다. 그래서 변동성이 강한 주식이나 코인 투자에도 관심이 많다.

발전과 변화를 좋아해 모험을 감행하는 사업가적인 성향이 있다. 이런 성향이 있는 사람은 상담할 때 이런 질문을 한다. 큰돈을 언제 벌 수 있을까요? 사업을 하려고 하는데 언제 시작하면 좋을까요?, 로또에 당첨될 수 있나요?, 벼락부자가 될 수 있나요?, 떼돈을 벌 수 있을까요?

가난한 집안에 태어나면 힘겹고 재벌 집에 태어나면 순탄하고 행복한 것인지 생각해 봐야 한다. 부모로부터 받은 돈은 명백히 자기 돈이 아니다. 생활이 편하겠지만 부모로부터 받는 돈만큼의 간섭이나 개입이 많아지게 되니 자주성을 갖고 살기 어렵다. 돈은 다른 사람들에게 얼마나 인정받고 있고 일이 잘 진행되고 있는지를 보여주는 수치다. 그런 이유로 돈은 오직 자신이 벌 때 당당하게 누릴 수 있다. 부모가 준 돈, 그러니까 자신이 벌지 않은 돈으로 좋은 차나 큰 집 같은 호사를 누리고 있는 사람을 부러워할 이유가 없다. 감당할 수 없는 물을 담아두려고 하는 땅의 욕심은 흙탕물이 되어 결국 정처 없이 흘러가 없어질 뿐이다. 즉, 다 부질없다는 뜻이다.

편재는 새로운 도전으로 큰돈을 벌고 싶은 욕구가 강하다. 돈을 다루는 스케일이 커서 벌 때도 크게 벌고, 나갈 때도 시원하게 나간다. 인생의 롤러코스터를 맛보기 쉬운 구조이므로 돈이 크게 들어오거나 크게 나갔을 때는 일단 멈춰야 한다. 돈이 들어왔을 때도 '내 돈'으로 정착될 때까지 시간이 필요하고, 돈이 나갔을 때도 '사라진 돈'을 현실로 직시하며 인정할 수 있는 시간이 필요하다. 그렇지 않으면 들어온 돈은 곧 나가게 되고 나간 돈의 몇 배나 되는 돈으로 더 크게 깨질 수 있다. 재물도 꾸준하게 들어오기에 생활에 어려움이 없지만 들어오고 나감에 기복이 심하므로 늘 주의하고 잘 관리해야 한다.

이성에게 이것저것 잘 시키고 지시하는 스타일이 되기 쉬워 상대는 조금 잡혀 살 수 있는 타입이 좋다. 기질이 너무 세거나 권위적인 상대는 잘 맞지 않는다. 남자는 새로운 여자에 대한 적극성과 도전의식이 강하다.

평범함을 거부하고 밖으로 자주 움직이며 일에도 모험과 도전을 즐기고 위험을 감수하려고 하므로 항상 새로운 것을 추구하고 변화를 가지려고 한다. 새로운 분야나 신제품 등 미래지향적으로 세상을 바꾸려고 노력할 때 큰 결실을 맺을 수 있다.

6. 정재 – 꼼꼼함과 안정

계산이 빠르고 치밀하다.

맛집을 좋아한다.

돈에 대한 감각이 탁월하다.

알뜰하다.

안정감이 있다.

돈에 대한 욕심이 많고 작은 돈에도 관심이 많다.

자신의 몸이나 건강에 관심이 많다.

현실적인 면이 강하고 인색하다.

집착이 있다.

감정이 예민하고 확실한 것을 좋아한다.

정재는 월급과 같은 정기적으로 들어오는 고정적인 수입을 상징한다. 치밀하고 섬세하며 합리적이고 계획적이다. 안정적인 것을 좋아하므로 보수적이고 가정적인 편이다. 한번 믿음을 주면 끝까지 신뢰하며 배신하지 않는다. 그렇기 때문에 새로운 사람을 경계하고 검증되지 않은 사람과 만나는 것을 좋아하지 않으며 인간성이나 성품을 중요하게 생각한다.

소유욕이 있다. 확실하고 분명한 것을 좋아해서 완벽한 소유를 원하니 다소 집착이 있다. 물건도, 친구나 연인 관계에도 집착이 있어서 불안함을 자주 느낀다. 아직 연인이 없어 불안함을 느낀다고 생각할 수도 있지만, 연인이 생겨도 불안하기는 매한가지다. 현재 연인이 어디에서 누군가와 무엇을 하고 있는지 확실하게 알고 있어야 불안하지 않고 마음이 편하다.

자기 사람이나 물건에 대한 애착이 강하다. 그래서 내 사람과 남, 내 것과 남의 것에 대한 구분이 명확하고 확실하다. 다소 정 없게 느껴질 수도 있으나 그것과 무관하다. 그냥 구분하는 것을 좋아할 뿐이다.

재(財)는 돈을 말하기도 한다. 재의 성향이 강한 사람은 부지런하고 성과 지향적이라 야무지다. 돈 계산이 빠르고 돈에 관심이 많으니 돈 되는 일이라면 마다하지 않는다. 재의 성향이 지나치게 강하면 그것도 문제다. 돈 창고를 여러 개 가지고 태어나서 창고에 돈을 계속 채워야 하는 운명이다. 채우고 채워도 채워지지 않고 만족이 안 되니 계속 그렇게 산다. 지쳐도 멈추지 못하니 몸도 망가지고 돈에 대한 집착이 강하니 주변 사람들에게서도 좋은 소리를 듣기 어렵다. 타고난 성향이 그렇게 태어난 것을 어쩌겠냐마는 일을 잘 놓지 못하니 어떤 면에서 고단한 인생이기도 하다.

이재(理財)에 밝아 돈에 대한 개념이 확실하여 수입과 지출, 즉 돈의 흐름을 꿰차고 있다. 작은 돈에 대해서도 꼼꼼하게 챙기고 인색한 면도 있다. 돈 때문에 기쁘고 우울하고 돈에 의해 쉽게 마음이 좌지우지된다.

정재 성향이 지나치게 강하면 돈이 아까워 연애를 하지 않기도 한다. 일이나 연애, 결혼 생활 모두에서 안전하고 안정적인 것만을 추구한다. 결혼 후에 바람을 피우지 않는 이유가 '돈이 아까워서'가 될 수 있는 스타일이다. 물론 내 사람과 남의 구분이 명확한 것도 한몫한다.

치밀하고 분명한 것을 좋아해 집착하는 성향도 있기에 교제하고 있는 상대를 답답하게 만들 소지가 있다. 만난 지 얼마 되지 않아도 결혼할 상대인지 아닌지 결론을 내야 편하다. 하지만 만나는 사람에게는 열과 성의를 다한다.

일단 일을 시작하면 마무리까지 성과를 내니 사람이 참 야무지다. 위험한 것을 싫어하고 안정적인 것을 좋아하니 크게 사고를 칠 일이 없다. 확실하고 분명하게 결론 내리지 않는 것을 잘 못 견딘다. 그래서 불안정한 인생에 답답함을 많이 느낀다.

이런 성향이 심한 경우 길을 걸을 때 건물 간판이 떨어지지는 않을까 걱정하기도 하고, 차가 인도로 돌진하면 어쩌지 하는 불안한 마음이 있어 차도 쪽을 자주 쳐다보기도 한다. 하지만 애초에 우리가 안심하고 안정될 수 있는 상황은 존재하지 않는다. 때로는 인생을 너무 선명하게 보려 하지 않는 게 현명하다. 불안함도 어느 정도 있고, 인생이 어떻게 될지 잘 알지 못하는 상태가 정상이다.

일은 현금을 만지는 일이나 보수적인 행정 업무도 맞는다. 위험한 성공보다 확실한 안정을 좋아하고 결과를 예측할 수 있는 환경을 편안해하므로 사업보다 직장 생활이 어울린다. 물론 사업을 하는 경우도 있지만, 이익이 작아도 분명한 수익 구조를 가지고 있거나 명확한 계획을 가지고 시스템적으로 접근하는 경우가 많다.

안정적인 일을 좋아해 검증된 기업에서 일하거나 공무원이 적격이다. 투자를 할 때도 위험하지 않은 부동산, 금 등 안전한 자산을 좋아한다. 주식은 장기적으로 지수를 추종하는 ETF나 배당주가 어울린다.

강박이 다소 있으며 건강에도 신경을 많이 쓰는 편이다. 미식가로 맛집을 좋아한다.

7. 편관 – 희생과 참을성

봉사와 희생정신이 있다.
잘 참으나 내면적인 스트레스가 많다.

한계 극복을 중요시하므로 역경을 견디고 인내한다.

자기 관리를 엄격하게 잘하는 편이다.

솔선수범한다.

솔직하다.

주변 상황 때문에 이것저것 참는 경우가 많다.

욱하거나 반항적, 투쟁적이다.

고집이 세다.

성급하다.

편관은 명예, 리더십을 상징한다. 명예욕 때문에 자신을 믿고 책임과 권한을 주는 사람에게 목숨을 걸 수 있다. 한계를 넘어서는 목표를 성취해야 큰 만족감을 얻는다. 하지만 고집이 세고 남과의 비교를 상당히 싫어한다. 자신을 누르는 것에 대한 반감이나 스트레스가 많다.

참고 인내하고 버티는 데 일가견이 있다. 그러니 겉에서 보면 착하고 온순한 좋은 사람으로 보이지만 그 이면을 들여다보면 속은 썩어가고 있다. 쌓인 스트레스로 곪아 터져가고 있다. 참으면 큰 화는 면할 수 있지만 너무 인내해도 속병을 얻게 된다.

편관 성향에 자기감정 표현을 의미하는 상관이나 식신의 성향이 없다면 속병이 들기 쉽다. 둘러싼 굴레를 벗어던지고 하고 싶은 말을 하고 살아야 한다. 알게 모르게 쌓인 감정 때문에 욱하기도 한다. 특히 예의를 중요시해 예의를 갖춘 사람에게는 지나칠 정도로 정중하지만, 그렇지 않은 사람에게는 민감하게 반응하며 버럭 화를 내기도 한다. 군인, 경찰 같은 면도 있어 명분과 명예를 중요하게 생각하고 옳지 않은 일에 발을 들여놓지 않는다.

남들 눈치 보고 남의 처지를 배려하고 체면을 세워주느라 정작 자신은 기진맥진 모든 기력이 쇠해지고 있다. 가난한 집안 환경 때문에 동생들 공부시키고 뒷바라지하느라 어려서부터 일하고 집안 먹여 살리면서 희생하는 타입이다.

주어진 일이라면 어떤 역경과 고난도 참아낼 수 있는 근성도 있다. 참는 것은 도가 지나치게 잘해서 오히려 병이다. 아파도 남들도 이 정도는 참는다고 참아낸다. 여기까지만 해주고 이제 그만하겠다는 말을 입에 달고 산다.

일단 내가 살고 남을 배려할 일이다. 기죽어 있고 그 마음이 얼굴에 반영되니 얼굴도 눌려 있다. 그 구김살부터 활짝 펴야 한다.

남의 집 귀한 딸 데려와서 고생시킬 수 없다며 집, 차에 돈도 어지간히 벌어놔야 결혼을 할 수 있다고 생각한다. 그래서 편관이 강한 성향은 노총각이 많다. 여자가 편관 성향이면 어떤 남자가 들어와도 참고 버티면서 고단한 삶을 이어가기 쉽다. 견디고 버티기 때문에 이혼도 못 한다.

인간관계에서 상대가 하는 말이나 행동이 싫어도 말도 못하고 싫은 티도 못 낸다. 어쩌다 마음먹고 한마디라도 하는 날이면 집에 돌아와 영 마음이 편치 못하다. 괜한 말을 한 것 같다. 말해도 편치 못하고 말 안 해도 답답하니 그냥 좋게 넘어가자고 생각한다. 하지만 권위로 상대방을 누르려는 면도 있으며 권위를 가질 수 있는 직업군에서 만족감을 느낀다.

8. 정관 - 합리성과 명예욕

합리적이다.

준법정신이 강하다.

명예 욕구가 크다.

순종하는 편이다.

정직하다.

온화하다.

대의명분을 위해 작은 것은 희생할 수 있다.

우유부단하다.

박력과 추진력이 부족하다.

정관은 명예, 관직과 직위를 상징한다. 정관은 섬세하고 명예를 중요시하며 사려가 깊고 점잖고 착한 인상을 가지고 있다. 안정적이고 보수적이다.

남의 눈에 내가 어떻게 보이는지에 대해 지대한 관심이 있다. 인정받는 것을 좋아하고 남들의 평판에 지나치게 신경 쓴다. 칭찬에 목말라 있고 늘 칭찬받기를 원한다.

실리보다 명예나 명분을 중요하게 생각하니 다소 실속이 없다. 체면치레하는 경우도 종종 있다. 정관의 성향이 강하면 명성과 권위를 갖기를 원한다.

남들이 말하는 행복하고 잘나간다고 하는 기준에 맞춰 살고 싶은 욕구가 강하다. 명예욕이 강해 고위 공무원이나 경찰, 군인 등 대의명분을 중요하게 생각하는 조직에서 관록을 먹는 경우가 많다. 대기업 같은 큰 조직에서 임원까지 올라가기 위해 다른 것을 포기하고 매진할 수 있는 타입이다. 남들의 시선과 기준에 따라 살고자 해서 경제적으로도 보란 듯이 잘살고자 한다.

반면에 합리적이기 때문에 무모한 짓은 잘 하지 않고 상황에 맞춰 자신을 바꿔갈 수 있는 장점이 있다. 타인의 시선에 대한 강박에서 벗어나 자기 모습 그대로를 바라봐야 한다. 남들이 나를 인정해 주고 내 성과에 열광할 때 행복을 느끼는 일은 자칫 위험하다. 그들의 시선이 사라졌을 때는 불행해질 수 있다는 이야기이기 때문이다. 행복의 기준을 타인의 시선으로 잡게 되면 남들이 자신을 인정해 주지 않는 순간 좌절하고 불행해진다. 자신의 내면과 끊임없이 대화하는 성찰을 통해 자기를 발견하고 나다운 인생의 기준을 잡는 데 신경 써야 한다.

공무원 스타일로 원리 원칙이 분명하여 융통성이 떨어진다. 새로운 것을 추구해서 생기는 위험과 위험에 대한 책임을 싫어한다. 만일 사업을 한다면 안정적인 시스템을 만들어 위험하지 않게 확장하고 돈을 버는 쪽이 좋다. 공무원, 회사원, 연구직이 어울린다.

9. 편인 – 부정적 수용과 창의성

이상적이다.

파격적이다.

창조적이다.

직관이 발달했다.

솔직하다.

신비한 것에 관심이 많다.

의심이 많다.

사람 관계에 폐쇄적이다.

체계적이지 못하다.

날카롭다.

편인은 공부, 문서, 도장과 부동산을 상징한다. 독특한 끼와 재능을 가지고 있어 일반적인 공부보다는 다소 특이한 분야에서 끼를 발산하여 능력을 발휘한다.

눈에 보이지 않는 신비스러운 것에 관심이 많은데 의심도 많아 부정적으로 받아들이는 면이 있다. 의심하고 또 의심하고 그래도 모자라 다시 확인하는 성향이다. 이렇게 의심하는 성향이 꼼꼼한 정관 성향과 만나면, 한번 걸리기만 해도 끝까지 물고 늘어져 숨 쉴 틈조차 없을 만큼 옭아맬 수 있다. 스스로 납득할 수 있는 확실한 답이 나올 때까지 의심에 의심을 거듭하게 될 테니 말이다.

이런 면 때문에 인간관계가 다소 좁고, 체계적 분석보다 느낌이나 직관을 믿는 편이다. 하지만 직관이 발달했더라도 전적으로 의지하기에는 위험하니 항상 주의가 필요하다.

편인과 정인이 함께 있으면 잡념, 망상, 말도 안 되는 생각, 의심, 고민이 많다. 창의적이기도 하다. 생각이 꼬리에 꼬리를 물며 끊이지 않아 집에서 하루 종일 생각만 하며 시간을 보낼 수 있다. 잡생각 때문에 지금, 현재에 잘 몰입되지 않는다.

현재에 몰입이 어려워서 생기는 문제는 떨어지는 집중력과 낮은 일의 효율성도 있지만, 더 큰 문제는 행복을 느끼기 힘들다는 것이다. 머릿속 생각과의 고리를 끊고 '지금', '여기'에 몰입이 되어야 행복을 느끼고, 시간이 지난 후에도 곱씹을 수 있는 추억이 되는데 그게 잘 안 된다.

편인은 종교나 철학에도 관심이 많다. 다양한 분야에 관심이 많으며 큰 야망을 꿈꾸기보다 편안한 인생을 원한다. 투기성 투자나 도박을 늘 조심해야 한다.

직업은 철학, 의학, 예능인, 시인, 간호사, 예술가, 여행작가 등이 어울린다. 게으르다는 느낌을 줄 수 있는 생활 패턴을 인지하고 바꿔야 한다.

10. 정인 – 직관력과 정

순수하다.

남이 하는 말을 잘 믿는다.

양반 또는 선비 기질이 있다.

정이 많다.

감수성이 풍부하다.

느낌이 발달했다.

로맨티스트적 기질이 있다.

보수적이다.

생각과 걱정이 많다.

모험을 즐기지 않는다.

정인은 공부, 문서, 도장과 부동산을 상징한다. 새로운 것에 대한 호기심이 많고 머리가 좋고 사고의 폭이 넓어 총명하며 지혜롭다. 모성애가 있고 따뜻한 정과 의리가 있다. 끊임없이 배우고 공부하여 성장하려고 한다.

느낌이 발달하여 논리보다 마음이 가는 대로 했을 때

정답일 확률이 높다. 하지만 순수해서 남의 말을 잘 믿기 때문에 사기를 당하거나 속기 쉬우므로 주의가 필요하다. 따뜻함이 있어 기본적으로 사람에 대한 애정이 가득하고 쉽게 다른 사람의 처지에 공감하여 애처로움을 느낀다. 그러니 만나는 이성에 대해 따뜻하게 대하고 이벤트를 자주하는 로맨티스트 기질이 다분하다.

하지만 머릿속은 항상 복잡해서 과거에 대한 생각도 많고 앞으로 닥칠 일에 대한 걱정과 고민도 많은 편이다. 한마디로 걱정이 팔자다. 그래서 진취적인 일보다 다소 보수적인 성향의 일이 맞다.

생각이 많다는 것은 실행을 주저하거나 망설인다는 이야기이기도 하다. 두려움이 생기기 때문이다. 계획을 위한 상상은 좋지만 일어날 확률이 거의 없는 일에 에너지를 쓰지는 말아야 한다. 일어나지도 않을 일에 대한 괜한 걱정은 소중한 에너지만 소모할 뿐이다.

생각이 많아 누군가를 만나도 머릿속에서는 계속 딴생각이 난다. 주고받는 이야기 주제에 연계된 다른 생각들이 줄곧 떠오르니 눈은 상대를 보고 있어도 집중이 잘 안 된다. 멍 때리는 경우가 많고 창밖 너머를 바라보는 듯한 초점 없는 시선이 되기 쉽다. 길을 걸으면서도 생각에 잠겨 주변 사람이 잘 보이지 않는다.

상관이나 식신 같은 표현하는 성향마저 없다면 생각은 계속 쌓이지만 그 생각이 빠져나갈 출구는 없으므로 꽉 막혀 생각이 정체되니 골치가 아플 지경이다. 생각이 머릿속에 가득 차 있어서 담아만 두면 문제가 터질 수 있다. 생각이나 감정을 해소하는 방법을 찾아야 한다. 풍선에 생각이라는 물을 계속 넣으면 어느 선까지는 부풀어져 올라 견디겠지만 한계에 도달하면 결국 풍선은 터지고 만다.

특히 생각이 많은 사람은 말로 표현하고 실행하여 행동으로 옮겨야 한다. 이것이 실행력이고 돌파력이며 답답한 상황을 뚫고 나갈 수 있는 유일한 방법이다. 물은 고여 정체되면 썩고 만다. 썩기 전에 미리 물꼬를 터주어 자연스럽게 흘러갈 수 있도록 해주어야 한다. 깊은 생각만으로는 아무것도 되지 않는다. 도리어 겁만 나게 된다.

'걱정이 팔자'이니 소위 '걱정 노트'를 만들어보는 것도 좋다. 일과를 마치고 집에 들어가 혼자만 있을 수 있는 시간을 확보한다. 처음에는 잠들기 전 두세 시간 정도도 좋다. 날짜가 있는 다이어리를 펴고 오늘, 지금의 고민거리를 적는다. 단어도 좋고 문장도 좋다. 생각나는 대로 쭉 적어본 뒤 정해진 시간이 지나면 덮는다. 그리고 의식적으로 잊는다. 다음 날 일상에서는 고민이나 걱정이 생겨도 자기 전에 정리하겠다는 마음을 가지고 머리를 비우려고 노력한다. 처음에는 고민이나 걱정이 되는 단어 정도를 핸드폰에 메모해 두고 저녁에 다이어리에 옮겨 적는 것도 괜찮다. 그렇게 하루가 지나고 다시 자기 전에 다이어리를 펼치고 어제 적은 걱정과 고민을 살펴보면 하루가 지나가면서 그냥 해결되어 버린 것도 있을 것이다. 그러면 지운다. 아직도 풀리지 않은 문제는 오늘로 다시 이월하여 옮겨 적는다. 그리고 오늘 새롭게 고민한 내용도 적는다. 이렇게 반복하다 보면 처음에는 자기 전 세 시간도 부족하지만 점점 시간이 줄어 하루에 15분 정도면 자신을 돌아볼 수 있는 시간이 된다. 매일매일의 일상에서 쓸데없이 다른 생각을 하느라 머리 아픈 일도 없게 되니 생기와 행복도 찾을 수 있다.

직업은 따뜻함과 포근함이 느껴지는 교육, 봉사, 세무, 재무 등과 같은 일이 어울린다.

여기까지 십성의 특징들을 살펴보았다. 잊지 말아야 할 것은 사주는 법칙과 계산으로만 풀 수 없고, 반드시 직관적 감득(感得)과 체득(體得)이 있어야 한다. 즉, 배운 이론 위에 직감과 느낌으로 꿰뚫어 보는 통찰력을 키우는 것이 중요하다.

사랑받고 싶다면 지갑을 선물하라

財爲妻妾, 能守財者, 亦能守妻 • 『자평진전』
재성은 아내를 뜻하니
재물을 잘 지키는 자는 아내도 잘 지킨다.

　사람마다 특성이 있다. 어떤 사람은 아이디어가 많지만 소심해서 뭐든 시작하지 못한다. 반면 어떤 사람은 일단 일을 벌이고 본다. 하나만 벌이는 게 아니라 이것저것 하면서 동시에 여러 가지 일을 같이 진행한다. 하지만 이내 그만두고 만다. 작심삼일, 매번 시작만 하고 끝을 보지 못한다. 또 어떤 사람은 시킨 일이나 주어진 일은 어떻게든 잘 해내지만 주체적이고 능동적으로 일을 처리하는 데는 서툴다.

이런 성향을 가만히 살펴보면 이성에 대한 태도와 운도 알 수 있다. 앞에서 살펴보았듯 사주에서는 재(財)라는 개념이 있다. 사주팔자에서 8개의 글자인 팔자 중 자신이 태어난 날의 오행이 다른 7개의 글자인 칠자와 어떤 관계인지를 따져서 본다. 재라는 것은 사람마다 있기도 하고 없기도 하다.

'재'는 내가 극하는 오행을 말한다. 예를 들어 자신이 태어난 날의 오행이 수(水)라고 한다면, 물이 꺼버리는 불, 즉 화(火)가 수를 극하는 오행이다. 따라서 이 사주는 '화'가 '재'다.

나무는 땅에 뿌리를 내려 극한다. → 목에게 재는 토다.
불은 쇠를 녹여서 극한다. → 화에게 재는 금이다.
흙은 물길을 막아 극한다. → 토에게 재는 수다.
도끼(바위, 쇠)는 나무를 찍어 극한다. → 금에게 재는 목이다.

재라는 개념은 남자에게는 여자를 의미하고, 남녀 공히 돈과 무언가를 관리하고 마무리하는 능력을 말한다. 따라서 남자에게 재란, 돈과 여자, 그리고 무언가를 관리, 통제하고 끝까지 해내는 힘이라고도 할 수 있다.

남자가 사업에 성공하여 돈을 많이 벌 때는 연애도 잘되고, 연애 중에 또 다른 여자가 관심을 보이기도 한다. 반대로 남자가 퇴직을 당한다거나 사업이 망해서 돈이 쪼들리게 되면 새로운 여자는커녕 있던 여자도 도망가기 십상이다. 이럴 때 여자가 남자를 돈만 보고 사귀었다는 둥, 사업이 망하니까 뒤도 안 돌아보고 떠났다는 둥 여자를 탓하기도 하지만, 어떤 면에서는 꼭 여자만 비난받을 일도 아니다.

남자에게 재는 돈과 여자라는 개념이기 때문이다. 들어올 때 같이 들어오고 나갈 때 같이 나가는 경우가 대부분이다. 그러니까 여자가 돈 잘 버는 남자에게 다가가고 빈털터리가 된 남자를 떠나는 것은 돈에 환장해서가 아니라는 얘기다. 재물과 여자가 같이 들어왔다 나간 것뿐이다.

돈과 여자가 같은 개념이므로 돈을 어떻게 벌고 쓰고 관리하는지 살펴보면 이 남자가 여자를 어떻게 다루고 어떤 관점으로 바라보는지도 알 수 있다. 돈을 다루는 태도는 여자를 어떻게 바라보고 생각하는지에 대한 다양한 신호가 된다.

남자의 지갑을 살펴봤는데 돈을 오만 원권, 만 원권 등 금액별로 정리해 놓고 영수증 또한 별도로 관리하고 있다면 일단 갖고 있는 돈을 소중히 다루는 사람이다. 이런 사람은 자기 여자에게도 마찬가지로 행동한다. 여자를 아끼고 잘 보살피면서 잘해주려고 노력하는 애처가 타입일 확률이 높다. 여자도 돈과 마찬가지로 소중히 다루고 아낀다.

지갑을 봐도 그것이 장지갑이든 반지갑이든, 평범한 지갑이든 명품 지갑이든 깨끗하게 잘 관리하는 사람이 있고, 지갑이 너덜너덜해지도록 낡든 말든 무심히 쓰는 사람이 있다. 심지어 돈을 지갑에 넣지 않고 주머니에 꾸깃꾸깃 아무렇게나 넣고 다니는 사람도 있다. 카드, 영수증, 사진 등 지갑 속 물건은 그 사람의 생활 습관과 성격을 반영한다.

여자는 남자에게 재의 의미이기 때문에 지갑은 여자가 있는 공간, 즉 집이라고 할 수 있다. 결국 남자의 지갑은 집에 대한 그의 관심과 애정인 셈이다. 자기 형편에 맞는 지갑을 구입하되 그래도 될 수 있는 한 좋은 것을 쓰는 남자는 집에 대한 고민이 많다고 볼 수 있다. 형편이 좋지 않아서 좋은 집을 마련하지 못했다면 미안한 마음이 있을 것이고, 조금 남루한 집이라도 아내를 위해 마련한 만큼 꾸미고 가꾸는 데 관심을 가질 수 있다. 또 언젠가 여유가 생기면 아내에게 번듯한 집을 선물하고 싶은 애틋한 마음도 있을 것이다. 동시에 그것을 목표로 사회의 온갖 쓴맛을 이겨내고 견디면서 자신의 책임을 다하려고 최선을 다하는 남자일 수도 있다. 한마디로 사랑하는 아내를 위한 공간에 배려와 애착을 갖는 남자다.

여자는 자기 집에 대한 애정이 남자와 다르다. 여자라면 누구나 신혼집에 대한 낭만이 있고 신혼이 아니어도 많은 시간 생활하는 공간이기에 집에 관심을 가질 수밖에 없다. 요리와 청소, 독서나 TV 시청, 아이 돌보기 등 살림을 꾸려가는 곳이 바로 집이기 때문이다.

그러므로 남자는 집에 대한 아내의 생각을 배려해야 하고 집 가꾸기에도 관심을 가져야 한다. 형편에 따라 해줄 수 없는 것도 있겠지만 꾸준히 집에 관심을 갖고 이해하려고 노력해야 한다. 지갑이 누추하다는 것은 곧 집이 누추하다는 의미고 아내에게 관심이 없다는 얘기다.

따라서 남자의 지갑, 그리고 돈이 정리되어 있는 모양새를 보면 이 남자의 여자에 대한 태도나 생각 등을 알 수 있다. 단지 연애 초기에 환심을 사려고 잠깐 잘해주는 것과 길고 긴 결혼 생활은 천지 차이니 여자는 남자의 지갑을 유심히 살펴보기를 바란다.

돈을 주머니에 아무렇게나 구겨 넣고 다니는 사람은 일단 여자를 우습게 여길 확률이 높다. 이 여자가 아니어도 된다는 생각으로 대충 만나고 헤어질 확률이 있으며 여자에 대한 책임감도 약할 수 있다. 만나면 만나고 헤어지면 헤어지는, 별다른 애착이 없는 사람이다.

집착이라는 것도 그렇다. 도를 넘어서면 무섭고 진저리나는 것이지만, 적당한 집착은 누군가를 통제하고 관리하는 데 관심이 있다는 뜻이다.

또 일을 하고 돈을 쓰는 모습을 보면 돈과 여자, 즉 재에 대해 깊이 이해할 수 있다. 단지 돈을 많이 벌고 적게 벌고의 문제가 아니다. 일하면서 받은 스트레스와 노곤한 몸을 술로 위로하거나, 돈을 즉흥적으로 써버리는 사람한테 자기 여자에 대한 안정성과 소유, 통제 개념이 있기는 어렵다. 특히 일당으로 돈을 바로바로 받는 경우에는 들어온 돈이 그날 도로 나가지 않도록 해야 한다. 그렇게 되면 곁에 있는 여자가 안정감을 갖기 어렵고, 재도 마찬가지로 쉽게 빠져나간다. 남자가 재에 대해 어떻게 생각하는지를 알면 그의 인생관과 가치관, 그리고 삶을 더 깊이 이해할 수 있다.

다시 말하지만, 지갑은 사주의 재성을 관리하는 것과 같다. 지갑을 정갈히 하고, 절제하며, 알맞게 쓰는 사람은 재성을 바르게 운용하는 것이며, 그 삶에 운이 따른다. 지갑이 흐트러지고 낭비가 많으면 재성이 손상된 것이니, 이는 곧 운을 해치는 일이다.

돈이나 지갑 외에도 재가 있는 남자인지 없는 남자인

지 알 수 있는 방법이 있다. 재라는 것은 결과나 성과의 개념이기도 해서 재가 있는 사람은 남녀 모두 야무지고 일의 마무리를 잘한다. 또 결단력이 있으므로 결론을 내리는 데 주저함이 없다.

재가 없는 남자는 결단력이 없고 결론을 짓는 데 약하거나 죽기 살기로 뭔가를 해도 시간이 오래 걸린다. 또 마무리가 약하고 허술해서 돈 관리를 제대로 못하며 물건도 잘 잃어버린다. 돈을 빌려주거나 투자하면 거의 받지 못한다. 돈에 집착하여 작은 돈은 아끼지만 큰돈은 쉽게 나가는 면도 있다. 재가 없으니 돈이나 여자에 집착한다.

하지만 재가 팔자에 많아도 문제가 된다. 생활력은 강하지만 아무리 돈을 벌어도 욕심이 끝이 없어 만족을 모르며 여자를 보는 눈도 높고 깐깐하다. 재는 정재와 편재, 두 가지 개념으로 나뉘는데, 둘 중 어떤 것이냐에 따라 바람둥이가 될 수도 있고, 돈이 아까워서 바람피우는 건 상상 속에서만 가능한 사람이 될 수도 있다.

'개 같이 벌어서 정승같이 쓴다'는 말이 있다. 제 몸은 아무리 천하게 낮추어 일하더라도 번 돈으로 보람 있게 살면 된다는 말이다. 돈을 벌 때는 귀천을 가리지 않고 벌어도 쓸 때는 값지게 쓴다는 뜻이다. 이것을 재의 개념으로 설명하면 이렇다.

특별히 사랑스러워 보이지 않는 여자라도 좋은 남자를 만나 진심 어린 사랑과 아낌을 받는다면 충분히 행복하게 살아갈 수 있다.

마음에 드는 남자에게 아낌없는 사랑과 관심을 받고 싶다면, 지갑을 선물하라. 그리고 그 지갑을 잘 관리할 수 있도록 도와주어라. 그렇게 하면 타고난 성향을 완전히 바꿀 수는 없더라도 분명 약간의 여지는 만들 수 있다. 십첩 반상의 호화로운 밥상을 차려주지는 않아도 크고 깊은 사랑을 받을 수 있을 것이다.

자유로운 영혼이 갖지 못하는 것

命各有歸, 不必拘於常格 · 『자평진전』
명은 각기 돌아갈 바가 있으니,
굳이 전통적 격에 매이지 않는다.
자유로운 여성은 '남자와의 결합'에 얽매이지 않아도
자기 길을 찾을 수 있다.

　　남자에게 여자가 재라면, 여자에게 남자는 관(官)이다. 관으로는 남자에 대한 여자의 성향을 파악할 수 있다.

　　마찬가지로 사주팔자에서 일간과 칠자와의 관계를 따져 관(官)의 유무를 알 수 있다. 관은 나를 '극하는' 오행을 말한다. 자신이 태어난 날의 오행이 화(火)라면, 이 불을 꺼서 극하는 오행은 물이므로, '수(水)'가 '화'의 '관'이 된다.

나무를 내리 찍어 극하는 것은 쇠로 만든 도끼다. → 목의 관은 금이다.

흙에 뿌리를 내려 극하는 것은 나무다. → 토의 관은 목이다.

금을 녹이면서 극하는 것은 불이다. → 금의 관은 화다.

물길을 막아 극하는 것은 흙이다. → 수의 관은 토다.

관이라는 개념은 여자에게 남자를 의미하고, 남녀 공히 명예와 합리성, 참고 인내하고 견디는 힘을 말한다. 그러니 여자에게 있어서 관이란 명예와 남자, 합리성과 참을성이라고 할 수 있다.

여자가 다른 사람의 눈에 예쁘고 바르며 단정해 보여야 괜찮은 남자가 들어오고 연애도 순조롭게 진행되며 연애 중에도 다른 남자가 구애하는 등 관심을 받는다. 여자는 남들의 시선, 즉 사회적 관점에서 바르게 보여야 일도, 사랑도 풀린다.

하지만 여자가 남들 입에 오르내리고 구설수에 시달리는 등 안 좋은 평판을 듣게 되면 남자들은 보통 그런 여자를 자기 여자로 선택하지 않는다. 심하면 만나던 남자도 쉽게 떠나버린다. 여자가 남자보다 주변의 평판에 민감하게 반응하고 말과 행동에 더 조심스러운 것에도 이유가 있는 셈이다. 비록 이를 의식하고 있지 않더라도 무의식중에 그렇게 행동하는 경우가 대부분이다.

여자가 갖은 구설수에 휘말리고 과거사까지 들춰져 결국 남자가 여자의 곁을 떠나는 경우가 있다. 이때 사람들은 남자가 여자의 본질이나 내면을 보지 못하고 다른 사람 말에 휘둘려 소신이 없다는 둥, 여자를 진심으로 사랑하지 않았다는 둥 남자를 못마땅하게 보곤 하지만 어떤 면에서는 꼭 남자만 비난받을 일도 아니다.

관은 여자에게 명예, 남자와 같은 개념이기 때문이다. 평판이 좋아 명예를 얻으면 남자도 따라 들어오고, 명예를 잃으면 남자 역시 쉽게 떠난다. 따라서 남자가 사회적으로 비난받을 만한 일을 한 여자를 떠나는 것은, 남들의 시선을 지나치게 의식한 소심함 때문이 아니다.

여자가 자기 이미지를 어떻게 만들어가고 이를 위해 말이나 행동거지를 얼마나 조심하는지 살펴보면, 그 여자가 함께 살아갈 남자에 대해 어떤 생각을 갖고 있는지 좀 더 이해할 수 있다.

물론 남들 시선 따위는 신경 쓰지 않겠다며 소문은 소문일 뿐, 나만 잘하면 된다고 말하는 여자도 있다. 그런데 그런 여자의 일상을 가만히 살펴보면 소문이 돌 만한 말이나 행동을 하고 있는 경우가 많다. 말에 조심성이 없거나 비난과 이간질에 능하거나 남녀 관계에서 기본 매너를 지키지 않거나 비상식적인 행동을 해서 오해를 산다(사주 자체에 구설수를 타고난 사람을 제외한다).

이런 여자를 만나면 남자도 곤경에 빠지기 쉽다. 여자에게 명예와 남자는 동일한 개념이기 때문에 여자는 남자를 통해 자신의 명예를 높이려는 욕구를 갖는다. 자신의 이미지나 평판을 제대로 관리하지 못하는 여자는 결국 남자의 명예도 같이 실추시킬 확률이 높다는 말이다. 남자는 언제 터질지 모르는 시한폭탄을 쥔 채 어찌할 바를 모르고 땀만 삐질삐질 흘리는 모양새가 된다.

지나치게 남의 눈을 의식하고 사는 것은 피곤한 일이다. 인생 또한 자신이 주체가 되어야 하기에 바람직하지도 않다. 자신의 삶을 스스로 통제할 수 있어야 긍정적이면서 행복할 수 있다. 다른 사람들의 시선에 지나치게 의존하거나 이를 의식하면서 사는 것은 갖은 스트레스와 불안, 긴장으로 가득 찬 삶이다.

하지만 마치 자유로운 영혼처럼 남의 시선 따위는 전혀 신경 쓰지 않고 그때그때 자기가 생각하는 행복과 쾌락만을 좇는다면 그것도 문제다. 그런 자유로운 영혼을 가진 여자를 감당하면서 정상적으로 살아갈 수 있는 남자는 없기 때문이다. 그런 여자를 곁에 두면 보통의 남자는 견디지 못한다. 그렇지 않으면 정상적인 남녀 관계는커녕 주말부부나 일 년에 두세 번 보고 마는 이상한 부부가 되기 쉽다.

관은 나를 극하는 오행이고, 따라서 남자는 여자를 통제하고 관리하는 주체가 된다. 앞서 말한 재와 상반되는 개념이다. 즉 음양오행의 균형과 조화를 위해 여자는 남자에게 통제, 관리되는 대상인 것이다. 현대사회에서 남녀가 대등하다고 하지만 그것은 남녀가 사회적 관계로 만났을 때의 얘기다. 남자친구와 여자친구, 남편과 아내로 만났을 때는 기본적으로 관과 재의 개념을 벗어나기 어렵다.

그렇기 때문에 사주에 관이 없는 여자는 남자가 없거나 인연을 맺는 데 시간이 오래 걸린다. 관이 없는 것을 무관이라 한다. 무관인 사람은 어디에 소속되거나 통제받는 것을 본능적으로 꺼린다. 심지어 자신이 하고 싶은 대로 진행하다가도 남이 뭐라고 한마디 하면 금세 하기 싫어하는 청개구리 기질도 있다.

이런 자유로운 영혼은 통제를 잘 견디지 못하므로 회사와 같은 상명하복의 경직된 조직에 맞지 않는다. 따라서 윗사람의 지시와 간섭을 벗어나 독자적으로 일할 수 있는 전문직이나 프리랜서, 자영업 등이 잘 맞는다.

반면에 관이 많으면 오히려 남자 보는 눈이 높고 까다롭다. 주변에 널린 게 남자라서 만날 수 있는 기회도 많다. 그래서 이래저래 따지는 것도 많고 눈도 높아질 수밖에 없는 환경이다.

당신이 여자라면 자신의 성향을 잘 살펴봐라. 사주를 보러 가서 관이 있는지 없는지 확인하고, 있다면 강한지

약한지 물어보는 것도 좋다. 하지만 일단 자신이 남의 간섭을 잘 견디지 못하는 성격이라면 한 남자에 소속되어 통제받는 것을 과연 견딜 수 있을지 생각해 보라.

무관사주 여자는 '남자가 잘 안 생긴다'는 의미도 있지만 현대적으로 해석하면 남자에게 의존하지 않고 자기 삶을 스스로 꾸려가는 힘을 가졌다고도 볼 수 있다. 남자 없이도 잘 살 수 있는 독립성을 의미하기도 하여 독립적인 삶의 길을 걷기 쉽다는 의미도 있다.

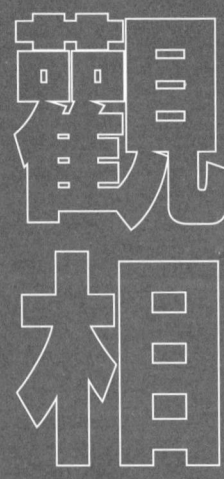

관상 ◆◆◆◆◆◆

얼굴을 보면 운명이 보인다

마음은 모든 것의 근원이다.
얼굴은 마음의 그림자다.

『법구경』

첫인상이 제일 중요하다

觀人之貌, 先看氣色 · 「마의상법」
사람을 볼 때는 먼저 그 기색을 보라.
얼굴의 기운과 빛깔,
즉 첫인상이 그 사람의 길흉을 먼저 드러낸다.

우리는 보통 새로운 사람을 보면 그의 인상을 보고 그 사람의 성격이나 성향 등을 파악한다. 지금부터는 인상을 넘어서는 관상 보는 방법을 이야기해 보고자 한다.

『한비자(韓非子)』의 기록을 보면 제후가 재상을 뽑을 때 반드시 그 사람의 얼굴빛을 보고 용모와 기색이 바르지 않으면 덕이 없으므로 등용하지 않는다는 일화가 나온다. 첫인상이 곧 덕과 재능을 가늠하는 기준이었다는 말이다. 삼국지에서 유비가 제갈량을 처음 만났을 때 얼굴빛과 태도에서 남다른 인상을 받고 곧바로 신뢰했다는 기록도 있는데 이 또한 첫인상이 운명을 바꾸는 계기가 된 사례다.

사람을 볼 때는 처음 보이는 그대로를 감각적으로 느껴야 한다. 특히 얼굴의 위엄을 봐야 하는데 눈빛, 눈의 힘, 이마와 관골(광대), 코, 턱에 이르는 힘을 봐야 한다. 기세(氣勢)라고도 할 수 있는데 이러한 기세의 강약을 제대로 볼 수 있어야 한다. 기세가 있으면 얼굴의 위계와 질서가 분명하고 격(格)이 있다. 격은 타고난 것도 있지만 인생을 정성스럽게 최선을 다해 노력한 자만이 가질 수 있는 것이기도 하다.

다음으로 얼굴을 계속 봐도 거부감이나 혐오감이 들지 않는지 얼굴의 자연스러운 분위기를 정신적인 분위기와 함께 읽어내야 한다. 또 얼굴의 맑고 탁함을 봐야 한다. 이는 얼굴을 씻어 '깨끗하다'라던가 씻지 않아 '더럽다'라는 개념이 아닌 내면의 맑음과 탁함을 보는 것이다. 얼굴을 가만 보고 있으면 마음의 고상함이나 비루함이 느껴질 때가 있는데 이는 마음의 상, 심상(心相)이 그대로 반영되어 나타난 것이다.

관상은 첫눈에 감각적으로 느껴지는 이미지가 가장 중요하다. 이미지를 보면 그 사람의 격이 부자인지 빈곤한지, 귀한지 천한지가 그려진다. 다음으로 눈, 코, 입, 귀 등 각 부위의 생김새, 균형과 조화, 그리고 얼굴의 빛깔인 찰색(察色)을 보고 가까운 미래의 일을 예측해 볼 수 있다. 예를 들어 눈 어미(눈을 물고기 모양이라고 하면 꼬리 끝 쪽)에 윤기가 있는 연홍색 빛이 돌면 곧 좋은 인연을 만난다거나 이성 관계 또는 부부 관계가 좋다는 것을 암시한다.

사람이 감각적으로 느끼는 상은 크게 8가지로 나눌 수 있다. 첫 번째는 인품이 고상하고 정신적인 면이 아주 발달한 사람에게서 보이는 상으로 맑은 귀상(貴相)이다. 두 번째는 얼굴에 살집이 두둑하고 볼도 발달하여 위엄과 배짱이 있어 보이는 얼굴인 부상(富相)이다. 세 번째는 악상(惡相)으로 가만히 바라보고 있으면 순간순간 악마의 얼굴 같은 모습이 보여 두려움이 느껴지는 상이다. 네 번째는 빈천상(貧賤相)으로 볼이 파이고 하관과 턱도 약해 쪼들려 있는 상으로 흔히 '없어 보인다'고 말하는 상이다.

바싹 야위거나 턱이 심하게 작은 경우가 이런 빈천상에 해당한다. 다섯 번째는 고상(孤相)으로 한눈에 봐도 외로움이 짙게 묻어나 대화를 해도 정감이 느껴지지 않는 상이다. 여섯 번째는 수상(壽相)으로 단단한 얼굴과 힘이 있는 눈으로 강건함과 낙천적인 기질이 있는 얼굴이며, 일곱 번째는 요상(夭相)으로 병약하여 요절하는 상이다. 마지막 위상(威相)은 얼굴 전체에 위엄과 위상이 있어 고위 관직이나 기업가로 성공할 수 있는 상이다. 좋은 상으로 여겨지는 4개의 상은 아래 그림과 함께 살펴보자.

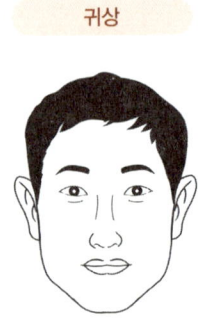

귀상

맑고 기품이 있고 얼굴이 좀 긴편으로 이마가 발달했고 눈썹과 눈이 깨끗하여 학자, 교육자, 법관, 예술가 등이 어울린다.

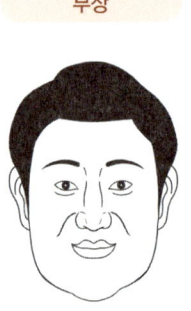

부상

복스럽게 생기고 웃는 상에 볼이 풍만하고 턱이 넓적하게 생겼다. 주로 기업체 운영 등 경제계에서 활약한다.

하지만 관상에서 가장 중요한 것은 관상의 근본이 되는 마음의 상이다. 동양 관상학의 정수를 담은 고전인 『마의상법(麻衣相法)』이라는 관상서에 이런 말이 있다. "골상불여관상(骨相不如觀相)이고 관상불여찰색(觀相不如察色)이며 찰색불여심상(察色不如心相)이다".

인간의 길흉화복과 빈부귀천을 논함에 있어 '골상(얼굴이나 머리뼈의 모습)'은 '관상'보다 못하고, 관상은 얼굴의 색 '찰색'을 따라가지 못하며, 찰색은 마음의 상인 '심상'보다 중요하지 않다는 말이다.

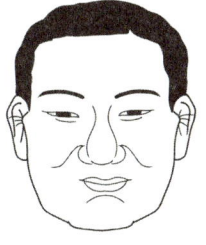

수상

튼튼한 얼굴로 강건함과 건실함이 엿보이며 턱이 튼튼하고 넓다. 코가 풍후하며 눈썹과 귀에 긴털이 나 있는 경우가 많다. 사업가, 체육인, 상업이 어울리는 얼굴이다.

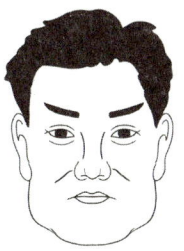

위상

눈과 눈썹이 치켜올라가 있고, 눈에서 공채가 나며 코와 귀가 무게 있게 생겼다. 군인, 정치가로 입신출세하는 관상이다.

얼굴은 보이지 않는 마음에 의해서 지배되고 변화한다. 마음이라는 것은 그 사람의 타고난 성향이고 이는 자연스럽게 얼굴에 나타난다. 이렇게 운명이 만들어진다는 것을 생각해 보면 역시 관상보다는 이면에 있는 심상이 우선이다.

얼굴에 부귀와 공명이 있더라도 좋지 않은 마음으로 인생을 대하면 언제라도 빈천해질 수 있다. 또 현재의 삶이 아무리 곤궁해도 좋은 마음으로 덕을 쌓아가면 얼굴에 드러나고, 관상(얼굴)과 심상(마음) 사이에 선순환 구조가 일어나 서로 좋은 영향을 미친다. 따라서 상이 아무리 좋다 해도 자만할 것이 아니며 빈천한 상이라 해도 실망할 일이 아니다. 결국은 마음이 가장 중요하다.

다음은 6가지 천한 상을 가리키는 '육천상(六賤相)'이다. 이런 사람은 아무리 관상이 좋다고 하더라도 큰일을 하지 못하는 소인에 불과하니 자신의 말과 행동에 천함이 없도록 힘써야 한다.

一賤. 부끄러움을 모르는 자

二賤. 일을 당하고 그저 웃기만 하는 자

三賤. 나가고 물러서는 것에 밝지 못한 자

四賤. 남의 단점을 말하기 좋아하는 자

五賤. 자기 자랑을 일삼는 자

六賤. 아부에 능한 자

얼굴 궁합

너와 나의 미래가 보인다

夫婦之相, 合於五官
부부의 상은 오관이 조화를 이룬다.
얼굴의 조화가 부부의 인연을 말한다.

　우리는 말을 통해 사람을 이해할 수 있다. 가치관이나 지적 수준, 선함과 악함도 알 수 있다. 하지만 말은 필요에 따라 거짓말이나 원하는 것을 얻기 위한 수단이 될 수 있어 그 의미를 잘 알아차려야 한다.
　반면 얼굴은 거짓말을 하지 않는다. 수십 년 살아오면서 만들어진 눈빛, 표정과 주름은 살아온 인생을 고스란히 담고 있으며, 마음의 상도 이미 반영되어 있다. 즉, 얼굴에 천성이 담겼다고 볼 수 있다.

사람은 수많은 인생의 갈림길 앞에서 천성을 바탕으로 선택과 대응을 하게 된다. 그러니 다가올 인생도 큰 틀은 정해져 있는 셈이다. 따라서 얼굴만 제대로 읽어낼 수 있다면 나와 맞는지, 안 맞는지, 또 앞으로의 관계는 어떻게 될 것인지까지 추측해 볼 수 있다.

중국 송나라 시절에 전해지는 민간 일화에 이런 이야기가 나온다. 어떤 상인이 결혼 전에 관상가에게 부인의 얼굴을 보여주었더니 "광대와 턱이 당신과 조화를 이루니 부부가 반드시 재물을 모을 것"이라 하였고, 실제로 결혼 후에 큰 부자가 되었다는 것이다. 이처럼 얼굴을 제대로 읽으면 남녀 궁합뿐만 아니라 친구, 지인 관계, 그리고 사업의 앞날까지 내다볼 수 있다.

얼굴형으로 보면 사람의 얼굴은 크게 원형, 사각형, 역삼각형으로 나눌 수 있다. 일단 유사한 얼굴형끼리 만나는 것은 권하기 어렵다. 원형 얼굴끼리의 만남은 좋을 때는 한없이 좋지만, 참을성이 없어 한 번의 큰 다툼으로 헤어지기 쉽다. 사각형의 얼굴끼리 만나면 여성은 전업주부로 있기 어려워 사회 활동을 해야 하는데, 남자 입장에서 내조가 부족하다고 생각할 수 있어 조화롭지 못하다. 역삼각형끼리 만나면 마음은 맞지만 의사 표현이 서로 서툴다. 뭔가 하나가 어긋나면 관계를 회복하지 못하고 어색하게 멀어지기 쉽다.

남자 얼굴이 원형일 때 사각형 얼굴의 여자를 만나면 게으른 남자가 부지런한 여자를 만난 격이니 여자가 고단하고, 역삼각형의 여자를 만나면 대범함과 명랑함이 발휘되는데 이때 여자는 섬세하게 내조하여 좋다.

남자가 사각형일 때 원형의 아내를 만나면 남자다운 남편이 상냥한 아내와 있어 행복하다. 사각형 남자가 역

사각형 남자와 원형 여자

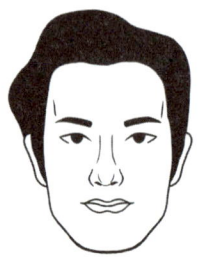
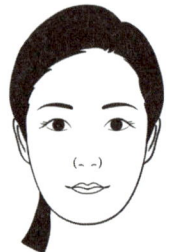

삼각형 아내를 만나면 성실하게 바깥일 잘하는 남편과 내조를 잘하는 아내가 만난 격이므로 좋다.

남자가 역삼각형 얼굴일 때 사각형 얼굴의 여자를 만나면 남자는 엄한 아내에게 기가 죽어 무기력해지고 잡혀 살게 된다. 원형의 아내를 만나면 화끈하고 충동적인 면이 있어 겉치레를 할 수 있는 아내와 견실한 남편이 만난 모양이다. 아내가 남편을 휘두르고 산다.

남녀 모두 눈이 큰 경우 감성적이고 돈 씀씀이가 클 수 있어서 경제적으로 어려울 수 있고, 둘 다 눈이 작은 경우 검소하게 돈을 모을 수 있지만 낭만이 없다. 남자의 눈이 크고 여자 눈이 작은 경우 남편은 화려한 것을 좋아하고 여자는 다소 소극적일 수 있다. 남자가 눈이 작고 여자가 눈이 큰 경우 남자의 내성적인 면을 아내가 밝게 보완해서 좋은 짝이 될 수 있다.

남녀 서로 두껍고 큰 입을 가지면 정력적이고 정열적인 부부 관계를 기대해 볼 수 있고, 둘 다 두껍고 작은 입을 가지고 있으면 애정 표현이 서툴다. 남자의 입이 크고 여자 입이 작으면 애정 있는 남편에게 고분고분한 아내이므로 좋은 짝이 될 수 있고, 남자 입이 작고 여자 입이 크면 아내에게 휘둘리기 쉬운 남편이 되지만 남편이 잘 받아주면 좋은 인연이 될 수 있다.

남녀 모두 광대뼈가 발달하면 자기주장이 강하고 드세다. 양보가 없어 매일 다투거나 무정한 쇼윈도 부부처럼 살아가기 쉽다.

고전 관상서 『마의상법』에서는 "부부는 음양의 조화를 보아야 하고, 얼굴빛이 서로 화합하면 백년해로한다"고 했다. 남녀뿐만 아니라 사업 파트너, 친구, 지인끼리의 만남도 서로 보완해 주는 관계가 좋다. 먼저는 공통 관심사가 있거나 생각을 함께 나눌 수 있는지가 중요하지만, 서로의 다른 점을 채워줄 수 있을 때 비로소 10년 후에도 함께하는 동반자의 모습을 그릴 수 있다.

몸이 천 냥이면 눈이 구백 냥이다

良貌不奇, 而目光炯炯, 有異人之氣 · 『사기』
장량의 용모는 평범했으나
눈빛이 빛나고 기운이 남달랐다.

장량은 원래 한(韓)나라 귀족 출신이었다. 한나라가 진(秦)나라에 멸망하자 떠돌며 숨어 지냈다. 당시 장량은 몰락한 귀족이라 옷차림도 초라하고 생활도 곤궁했다. 유방은 장량이 아직 떠돌던 시기에 그를 처음 만나게 된다. 기록에 따르면, 장량은 외모나 신분은 초라했지만 눈빛이 날카롭고 정신이 번뜩여 보였다고 한다. 유방은 그 순간 "이 사람은 보통 사람이 아니다"라며 크게 감탄했다. 그래서 곧바로 장량을 중용했고, 그는 훗날 한나라 건국

3대 공신(한초삼걸, 한신·소하·장량) 중 한 명이 된다.

　사람을 볼 때 눈만큼 그 사람에 대해 많은 것을 알려주는 부위도 없다. 눈은 '마음의 창'이라고 하듯 눈을 보면 그 사람이 무슨 말을 하려는지 알 수 있다. 입처럼 말을 하지는 않지만 소리 없이 많은 것을 담고 있는 유일한 신체 기관이다.

　대화 중 잠시 침묵이 흐를 때 상대의 눈을 보면 마치 말하고 있다는 느낌이 드는 것도 이 때문이다. 눈은 분노를 말하기도 하고 기쁨과 즐거움, 그리고 슬픔까지 담고 있으며 때론 희로애락 이상의 다른 깊은 감정을 표현하기도 한다.

　일례로 사랑하는 사람의 눈을 보고 있으면 만나지 않은 며칠 동안 무슨 일이 있었는지 느낄 수 있다. 기쁜 일이 있었는지 상처받는 일이 있었는지를 느끼면서 애잔해질 수 있다. '몸이 천 냥이면 눈이 구백 냥'이라는 옛말처럼 눈은 많은 감정과 정보를 담고 있다.

　관상에서 눈은 크게 두 가지, 큰 눈과 작은 눈으로 구분한다. 이때 크고 작음을 판단할 때는 얼굴 전체 크기와의 비율을 기준으로 삼으면 된다.

눈이 큰 사람은 정열적이고 감성적이어서 쉽게 뜨거워지고 쉽게 차가워지는 성향이 있다. 그만큼 일이나 사랑에 몰입도가 큰 편이다. 예민한 감각에 개방적인 성격으로 많은 사랑과 인기를 얻을 수 있지만 가장 가까운 사람에 대해서는 호불호가 분명하다. 처음에 누군가를 만나도 제3자와 함께 만나는 경우가 많은데, 자기 사람으로 들이기 전까지 시간이 필요한 타입이기 때문이다.

또 자신의 매력에 강한 자신감도 있는 편이라 마음이 떠나면 미련을 갖지 않고 곧바로 다른 상대를 바라보기도 한다. 바람기라고 볼 수도 있겠지만 자기 타입의 사람에 대한 극단적인 직감으로 '내 사람'과 '내 사람이 아닌 사람'을 쉽게 분별하는 능력을 가지고 있고 그것에 까다롭다. 그래서 한눈에 내 사람이라고 들어온 사람에 대해서는 이상하리만큼 마음을 쉽게 열고 개방적이다. 사람 보는 기준이 명확하고 까다롭기 때문에, 흔치 않은 기회를 놓치지 않겠다는 본능적인 움직임이 있다. 여자인 경우에는 '남자 운이 약하다'고 하지만, 남자에게 사랑을 듬

뿍 받을 수 있는 타입이기도 하다.

눈이 큰 사람은 리더십이 강해 다른 사람 밑에서 일일이 지시받으며 일하는 것을 좋아하지 않는다. 그리고 한곳에 갇혀 일하는 것보다 밖에서 적극적으로 자신을 드러내며 자기만족을 추구한다.

반면 눈이 작은 사람은 한눈에 매력적으로 보이기 어렵기 때문에 시간을 두고 천천히 성공하는 스타일이다. 끈기 있게 매달려 성공하는 것에 능하다. 서둘러 인기를 얻으려고 하기보다 때를 기다려야 한다. 여자의 경우 큰 눈의 여자보다는 매력이 조금 떨어져 주변에 남자는 적지만, 한 남자를 오랫동안 지켜보고 결혼을 결정하며 모성도 강하다. 그리고 눈이 작고 긴 사람은 남녀 모두 세상을 보는 통찰력이 뛰어나다. 독특한 발상으로 자기 영역을 확보할 수 있는 장점이 있다.

출세운이 있는 얼굴

額廣而明, 主貴而富 · 「마의상법」
이마가 넓고 밝은 사람은 귀하고 부유하다.

♦ 관록궁

사람마다 인생에서 원하는 것이 다르다. 어떤 이는 돈을 목적으로 살고 어떤 이는 명예를 갈망한다. 또 세상의 잣대인 부귀공명에는 관심 없이 소박한 삶을 즐기면서 유유자적하는 사람도 있다.

만약 성공하여 이름을 날리고 조직에서 높은 자리까지 올라가려는 욕심이 있다면 자신의 이마를 잘 살펴볼 필요가 있다. 이마의 빛과 형태가 곧 관록(출세운)의 지표가 되기 때문이다. 일단 이마가 얼굴 전체를 기준으로 좁거나 넓지 않은지 봐야 한다. 3등분했을 때 3분의 1정도가 적당한 너비이며, 이것이 길상이다.

큰 상처가 있다거나 좌우대칭이 되지 않고 크게 뒤로 후퇴한 이마라면 태생적으로 초년에 좋은 운을 갖지 못할 확률이 높고, 조직에서 큰 명예를 얻기 어려울 수도 있다. 특히 여자의 이마가 이런 경우에는 본인도 본인이지만, 앞으로 만나게 될 남편 운이 조금 약하거나, 결혼을 했다면 남편의 일이나 사업에 어려움을 겪을 수 있다.

고위 공무원이나 군인, 경찰로 높은 지위까지 올라간 사람치고 이마가 못생기고 죽어 있는 사람은 드물다. 또 정치가나 사업가 중에 이마를 드러내지 않은 사람은 거의 없다. 조선 야담에 따르면, 세종이 황희 정승을 처음 보았을 때 "이마가 밝고 기색이 맑아 장차 재상감"이라 했다고 전해온다. 실제로 황희는 20여 년간 재상으로 나라를 안정시켰다.

관상을 볼 때 눈 다음으로 중요한 부위가 이마다. 이마의 중심인 관록궁이 간(肝)을 엎어 높은 것처럼 도톰하고 그 빛이 좋으면 높은 지위까지 올라가게 된다. 반면에 이마가 뒤틀어져 있거나 쑥 들어간 부분이 있으면 직장을 자주 옮기고 직업적으로 안정된 생활을 하기 어렵다.

『상법대전(相法大全)』에도 "이마는 백년의 근본이며, 관록을 보는 궁"이라고 기록되어 있다. 즉, 이마가 고르고 반듯하면 벼슬길이 열리고 출세한다.

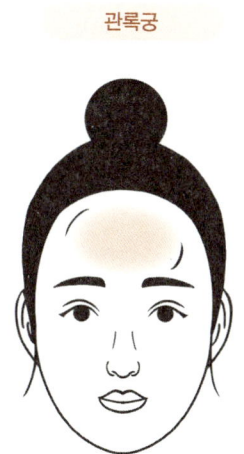

재물운이 넘치는 얼굴

鼻端圓厚, 財祿充盈; 鼻薄而尖, 貧困多厄 · 「상법대전」
코끝이 둥글고 두터우면 재물이 충족하고,
코가 얇고 뾰족하면 빈곤하고 액운이 많다.

✦ 재백궁

사람마다 자신에게 맞는 그릇이 있다. 다른 사람이 잘 됐다고 시기하거나 욕심내지 않고 사는 것이 어쩌면 가장 행복하게 살 수 있는 방법이다. 『삼명통회』에 따르면 재물운은 천명(타고난 운), 인명(개인의 선택), 지명(환경)에 의해 결정된다. 즉 재물운도 하늘과 사람, 그리고 땅의 조화로 열린다.

돈을 많이 벌었거나 승승장구하는 사람들의 얼굴을 가만히 살펴보면 뭔가 다르다. 눈빛에 힘이 느껴지기도 하고 얼굴 전체의 빛깔이 맑고 위엄이 있다. 그렇다면 부(富)하게 되는 얼굴은 어떤 특징을 가지고 있을지 한번 살펴보자.

우선 재물운을 볼 때 가장 중요한 부위는 코다. 코는 재백궁(財帛宮)이라 해서 재물운을 보는 자리다. 코의 뼈대가 풍성하고 바르며 코끝의 '준두'라고 불리는 부위에 살집이 잘 잡혀 있으면 돈을 벌 수 있다. 콧방울이 발달되어 모양이 잘 잡혀 있으면 돈을 지키는 힘이 있다. 단 콧구멍이 정면에서 봤을 때 모두 훤히 보이면 돈이 새어나가기 쉬운 상으로, 항상 수입에 비해 지출이 많아 경제적으로 궁핍하기 쉽다.

장사나 사업으로 큰돈을 번 사람의 코는 길지 않고 다소 짧은 듯한 특징이 있다. 길고 큰 코는 자존심이 강하면서 보수적이므로 장사에 어울리지 않는다. 오히려 고지식하게 자기 분야를 천천히 일구어 나가는 직업이 맞다고 할 수 있다.

반면 코가 짧은 사람은 융통성과 함께 특유의 낙천성으로 장사 수완을 발휘할 수 있다. 자존심을 세우기보다 사람들과 타협하여 결과를 이끌어 가는 재주가 있다.

　세조(수양대군)는 코가 높고 반듯한 인상으로 전해지는데, 관상가들이 "재물이 따르고 권세가 크다"고 풀이했다고 한다. 그리고 그는 실제로 조선의 권력을 장악해서 왕위에 오르게 된다.

사기꾼은 눈빛부터 다르다

目細而斜, 光暗者, 多欺詐 · 신상법
눈이 가늘고 치켜올라 가며
빛이 어두운 자는 속임수가 많다.

악상 ◦ 삼백안 ◦ 빈상

    한국 사람들은 관상이나 사주에 폭발적인 관심을 보인다. 특히 2013년에 영화 「관상」이 1000만 명 가까운 관객 몰이를 하면서 관심을 폭증시켰다. 괴테가 가장 민족적인 것이 가장 세계적인 것이라고 말하기도 했지만, 요즘처럼 사주, 관상과 무속이 힙한 대중문화 콘텐츠로 자리 잡은 적은 없었다. 영화 「파묘」에 이어 최근에는 「케이팝 데몬 헌터스」로 그 기세를 이어가고 있다. 악령을 퇴치하는 걸그룹 '헌트릭스'가 악령 세계에서 온 보이 그룹

'사자 보이즈'의 정체를 밝히며 세상을 지킨다는 스토리 역시 큰 화제를 모으고 있다.

「신들린 연애」라는 프로그램은 역술가와 무속인들의 연애를 보여주며 한국 연애 리얼리티 예능의 신기원을 열었다는 호평을 받았다. 30대, 40대는 물론 국내외 MZ 세대까지 사로잡았으며, 시즌 2까지 제작되어 해외 62개국에 판매되면서 전 세계적인 관심을 입증했다.

요즘은 관상이나 사주, 풍수를 주제로 강연을 하면 사람들의 뜨거운 관심이 느껴진다. 그 많던 자리가 꽉 찬다. 특이한 점은 인생에 대해서 조금 알 만한 연령대의 분이 많이 오시고 더 깊이 공감한다는 것이다.

한번은 700명 가까이 되는 분들을 앞에 두고 관상에 대해 강연하고 있었는데 나이 지긋하신 할아버님이 질문을 하셨다.

"사실 이 나이대에 제일 궁금한 것은 사기꾼 관상이에요. 세상에 사기꾼들이 너무 많아요. 사기를 칠 만한 얼굴에 대해서 좀 알려주세요."

그분은 강연이 끝나고 나를 찾아오셔서, 실은 강남 쪽

에 작은 건물을 갖고 있다고 했다. 은퇴 후에도 안정적인 수입이 있어 어렵지 않게 살고 계신 것 같았지만 그래도 노후에 대한 불안감은 있는 듯했다.

은퇴 후에는 벌어두었던 돈이 조금 있는 상태이기 때문에 미래의 지속적인 수입에 대해 고민하고 창업이나 임대업 등 이런저런 분야에 관심을 갖게 된다. 하지만 이 과정에서 사기꾼을 만나게 되면 돈을 홀랑 까먹기 십상이다.

이제부터 사기꾼 얼굴, 관상에 대해 몇 가지 말하려고 하니 부디 어렵게 모은 재산을 공허하게 날려 마음고생 하는 일은 없길 바란다.

사기꾼의 첫 번째 특징은 얼굴이다. 얼굴 전체를 감각적으로 판단해 봐야 한다는 말이다. 누구나 화가 나면 얼굴이 일그러지고 붉으락푸르락해진다. 하지만 상대 얼굴을 보고 갑자기 두려움이 느껴지거나 몸에 소름이 돋거나 떨리는 느낌이 들면 일단 악상(惡相)이라고 판단해도 좋다. 물론 악상이 모두 사기를 치는 상이라고 볼 수는 없다. 오히려 단순하고, 지성을 갖추지 못한 경우가 많다.

사기꾼 얼굴은 고결한 인품이 드러나지 않는다. 탁하여 맑지 못하고 인상이 더럽다. 얼굴을 씻고 안 씻고의 문제가 아니라 전체적으로 깨끗함이 없고 세속적으로 보이며 구질구질한 더러움이 느껴지는 상이다. 점잖지 못하고 본인의 이익을 위해서는 그 어떤 것도 안중에 없으니 주의가 필요하다.

두 번째 특징은 눈빛이다. 눈매는 수술로 바꿀 수 있다고 해도 눈빛은 바꿀 수 없다. 특히 눈의 시선이 바르지 못하고 곁눈질을 하는 사람은 지극히 이기적이며 교활하다. 또 눈의 아랫부분에 흰자위가 많으면 자신의 목적을 위해 무엇을 희생시키든 거리낌이 없는 사람이라서 주위에 있다간 자칫 먹잇감이 되기 쉽다.『마의상법』에서는 눈빛이 떠돌고 안정되지 못한 자는 간사한 사람이라고 했으며,『상법대전』에는 눈을 곧게 보지 못하고 늘 곁눈질하는 자는 겉은 달콤하나 속은 칼과 같다는 말이 있다.

눈동자가 작으면서 눈동자의 왼쪽, 오른쪽, 아래 또는 눈동자의 왼쪽, 오른쪽, 위 이렇게 세 부분의 흰자위가 보이는 눈을 삼백안(三白眼)이라고 하며, 이런 눈을 가진 사람은 잔인하고 모질며 악한 배신자의 상이다. 정에 얽매이지 않고 돈 되는 일이라면 물불을 가리지 않는다.

세 번째는 코다. 코끝을 관상학적으로 준두라고 하는데, 이 부위가 술에 취한 것처럼 붉으면 간사하고 속을 알 수 없는 꾀가 많아서 이간질에 능하다. 말을 왜곡해서 옮기는 등 자신의 목적을 달성하는 것만 중요하다. 자신이 받은 은혜도 눈앞의 이익을 위해 손쉽게 저버리고 그것을 숨기기 위한 정치적 활동이 능수능란하니 사기꾼 성향이 다분하다.

물론 개중에는 능력보다 권모술수로 높은 지위까지 오르는 경우도 있다. 하지만 얼굴의 격이 천하여 오래가지 못하고 뒤가 구린 생활이 일상화되어 있어 불안과 근심이 가득하다. 그 불길함은 당연히 가정까지 미친다.

또 지나치게 매부리코이면서 날카로운 사람은 저돌적이며 자신의 잇속을 챙기는 데 능수능란하다. 투자를 받는 데도 능하지만 한번 자기 손에 들어온 돈도 절대 내보내지 않는다. 이런 사람에게 투자를 하거나 돈을 빌려주면 받기 어렵다.

네 번째는 가난에 쪼들려 보이는 빈상(貧相)의 얼굴이다. 빈상의 근본적인 인품이 나쁘다고 볼 수는 없다. 그러나 이런 상의 사람은 투자를 위해 받은 돈을 불려주지 못하니 결국 투자한 사람 입장에서 봤을 때 사기를 당한 꼴이 되기 쉽다. 코는 살집 없이 빈약하고 콧방울도 발달하지 않아 그나마 들어온 돈을 지키는 힘이 없다. 항상 수입보다 지출이 많다. 정면에서 콧구멍이 훤히 보여 돈 나갈 일이 끊이지 않고 볼이 여위고 턱도 발달하지 않았다. 또 귀가 작고 눈을 보호하는 처마 역할인 눈썹의 모양새가 약하면 빈상에 해당한다.

빈상은 기술직이나 서비스업에 종사하며 크게 욕심내지 않고 작은 복에 만족한다면 크게 문제가 없으나 욕심을 내어 큰일을 벌이면 실패하기 쉽다. 한 직장에서 오래 근무하며 천천히 길게 본다면 부족함은 있어도 별 탈 없이 산다.

다섯 번째는 얼굴의 전체적인 균형이 맞지 않는 경우이다. 얼굴의 균형과 조화는 눈, 코, 입, 귀 등 각 부위의 생김새만큼이나 중요하다. 코가 구부러져 있거나 좌우 눈동자가 심하게 다른 경우 거짓말에 능하며 좌우 대칭이나 균형이 안 잡힌 얼굴은 쉽게 마음이 변하거나 배신을 일삼는다.

여섯 번째는 음성이다. 목소리에 윤기가 없어 메마르고 갈라지는 사람도 주의해야 한다. 이런 경우 돈이 항상 부족하다. 믿고 돈을 투자하거나 빌려주면 받지 못할 확률이 높다.

평생 사기꾼 한 명 만나지 않았다면 그 또한 성공한 인생이라도 봐도 좋겠다. 그러니 내 주변 사람들의 얼굴을 찬찬히 살펴보자.

바람둥이 상은 따로 있다

放縱之樂, 喪志也 · 『논어』
방종한 즐거움은 뜻을 해친다.
바람둥이 기질이 인격과 운명을 해친다는 가르침이다.

상대가 남자건 여자건 바람둥이한테 잘못 걸리면 몸과 마음 모두 피폐해진다. 그리고 바람둥이의 천성은 여간해서 잘 바뀌지 않는다. 인간이기에 가끔 양심의 가책을 받지만 그때뿐이다. 바람둥이가 현장에서 잡히는 경우는 거의 없다. 늘 심증만 있고 물증이 없어 상대는 더 괴롭다. 맞는 것도 같고 아닌 것도 같고 의심했다가 믿었다가 오락가락 정신을 못 차린다. 그러면서 상대방에 대한 집착은 더 커져만 가고 그것을 사랑의 감정으로 착각하며 진정한 사랑은 괴로운 것이라고 위안한다.

바람둥이야 여러 사람에게 감정을 고루 나눠주고 있으니 한쪽에서 충족되지 않는 사랑의 감정을 다른 쪽에서 바로 채우면 그만이다. 하지만 바람둥이와 만나는 사람은 오직 그 사람만 바라보기 때문에 상대가 자신과의 관계에 몰입하지 않는 것 같아 속상하다. 그리고 둘의 관계에 대한 의문마저 들면서 이상한 기분을 느낀다.

나를 어떻게 생각하는지, 우리가 사귀고 만나는 관계가 맞는지, 남자친구나 여자친구라고 말할 수 있는지 관계 규정조차 되지 않으니 죽겠다. 그리고 그 사람을 만나기 전보다 오히려 더 외롭고 행복하지 않은 자신을 발견하게 된다. 이쯤에서 적당히 관계를 끊고 나올 수 있다면 괜찮겠지만 그것도 쉬운 일이 아니다.

한편 바람둥이는 이제껏 살아오면서 수많은 양다리 또는 여러 이성을 만나면서 갈고 닦아온 실력(?)이 나날이 발전하고 가다듬어져서 진정한 달인의 경지에 도달했다. 상대가 이리 나오면 이렇게 한다는 매뉴얼이 있을 정도로 능숙해서 둘 사이에 감정의 우위를 점하며 상대의 남은 감정을 끝까지 빨아들인다.

세상에는 나를 행복하게 해주는 사람도 있고, 같이 있으면 지옥의 나락에 간 듯 불행하게 만들며 외롭고 힘들게 하는 사람도 있다. 불행이 아닌 행복에 성큼 다가설 수 있도록 여러분이 주의해야 할 바람둥이 관상에 대해 살펴보겠다.

바람기가 있는 사람의 특징으로 우선 '도화안(桃花眼)'을 꼽는다. 눈빛이 반짝반짝 빛나고 마치 눈에 눈물을 머금고 있는 듯한 눈을 도화안이라고 한다. 이런 여자나 남자는 끼가 보통이 아니다. 지극히 매력적이고 순식간에 사람 마음을 빼앗는 기질도 뛰어나 주변에 그 매력에 빠져 있는 이성이 많다. 당연히 많은 구설이 뒤따른다.『마의상법』에 따르면 눈이 길고 눈빛이 요염하다고 했으며 다정다감해 이성 문제로 탈이 많다.

이런 타입은 한 남자나 한 여자에 오랫동안 머물거나 정착하기 어렵다. 끼를 발산하는 방송, 연예, 예술 쪽에 관련된 일을 하지 않는다면 이런 사람과의 만남은 당신을 파국으로 몰아갈 공산이 크다. 만약 감수하겠다면 몸에서 사리가 나올 정도의 인내심과 각오는 하고 덤벼야 한다. 당신이 맛보게 될 연애는 상상 이상으로 괴롭고 견디기 어려울 것이기 때문이다. 당연히 일반적인 연애 패턴과 다를 것이고 그로 인해 여러 가지 의문이 들 것이며 그렇다고 딱히 해결도 되지 않은 상태에서 상대방 말 한 마디에 천국과 지옥을 오가는 묘한 경험을 하루에도 몇 번씩 하게 될 것이다.

두 번째는 눈꼬리 부분을 관찰해 보면 알 수 있다. 눈을 물고기라고 보고 눈 끝, 즉 눈꼬리를 어미(魚尾, 물고기의 꼬리)라고 하고, 어미 다음 부위를 간문(奸門)이라 하는데 이 부위를 보고 이성 관계를 판단하게 된다.

이 부위에 기미나 상처가 없고 팽팽하고 풍만하여 아름다우면 좋은 배우자를 만나거나 남녀 간에 좋은 관계가 유지되고 있다고 할 수 있다. 반면 상처나 사마귀가 있는 사람은 이성관계로 인한 곤란함을 피하기 어렵다. 주름이 자글자글 있는 상도 이성 관계로 마음이 피폐해진 상태이기 쉽다.

한번은 얼굴에 도화빛이 가득하고 특히 어미, 간문 부

위에 분홍빛 윤기가 흐르는 30대 초반 여성이 찾아온 적이 있다. 그녀는 사랑에 빠져 다른 곳에는 마음을 둘 여유도 없어 보였다. 오직 연인과 결혼까지 갈 수 있을지에 대한 궁금증으로 가득했다. 특히 팽팽하게 약간 부풀어 오른 어미 간문은 아름답게 보일 정도였다.

세 번째는 눈썹과 눈썹 사이인 미간이 좀 넓다거나 눈과 눈 사이가 넓은 상이다. 이런 상은 정열적이고 이성의 유혹에 약한 면이 있어 규칙적이고 반복적인 접근에 쉽게 빠진다. 색정(色情)이 강한 상이라 할 수 있다. 보통 적극적인 구애는 남자가 먼저 하므로 여자가 이런 상을 하고 있는 경우 본의 아니게 유혹의 손길에 빠지기 쉬우니 각별한 주의가 필요하다.

네 번째 바람둥이 상은 크고 동그란 눈을 가진 상이다. 이런 눈은 이성적이고 비판적이기보다 감성이 풍부하다. 이것저것 재는 것 없이 마음이 가는 대로 움직이기 쉽다. 또 얼굴 전체에 화기(和氣)가 약해 그 외로움이 바람기로 이어질 확률이 크다.

정리하면 미간이 넓은 여성은 한 남자로 만족하기 어

렵고 남자의 유혹에 쉽게 넘어간다. 눈꼬리가 위로 올라가 있는 여성은 자신이 원하는 사랑에 적극적이고, 눈 밑 부위가 푸르스름하거나 어두운 여성은 남자관계가 복잡할 확률이 높다. 눈에 흰자위가 많으면 자기가 원하는 남성에게 물불 가리지 않고 적극적으로 달려든다. 광대뼈가 나온 여성은 원하는 것을 손에 넣지 못하면 직성이 풀리지 않으니 이성 관계도 예외는 아니다.

팔자주름이라고 불리는 법령 위 볼에 점이 있는 여성은 인기가 많아 항상 주변에 남자가 끊이지 않고, 항상 젖어 있는 눈을 가진 여성은 색을 밝힌다. 웃을 때 잇몸이 드러나는 여자는 정에 약해 유혹해 오는 남자를 쉽게 뿌리치지 못한다. 곱슬머리에 손질을 하지 않는 여자도 유혹에 약하다. 또 귀 위쪽 끝부분이 눈의 위치보다 높으면 본능적이므로 색욕이 강하다.

남자의 경우는 코가 크고 발달해 있거나, 특히 매부리코는 정력적이다. 여자가 눈 밑 흔히 애교살이라고 불리는 와잠(臥蠶, 누에가 누워 있는 형상)이 도톰하고 색이 좋으면 건강하고 총명한 아이를 낳을 수 있으므로 남자 입장에서 본능적으로 끌릴 수 있다. 남자가 발달한 경우에는 정력적이다.

치켜올라 간 눈썹의 남자는 구애에 적극적이며 10명에게 다가가 3명 건지면 된다는 식으로 생각해서 많은 여자를 만날 확률이 높다. 그래서 굳이 한 여자에게 장기간 머물지 않을 수 있다. 또 눈이 처진 남자나 여자는 이성 문제로 곤란을 겪기 쉽다. 바람을 피운다기보다 여러 이성에 치이며 살기 쉽다. 남자의 경우 아무리 바람둥이라도 턱에 세로로 홈이 파였으면 책임감이 강하다. 그렇기 때문에 바람을 피워도 가정을 지키려 할 것이고 자식 사랑도 깊어 이혼하는 일은 없을 것이다. 또 미래에 대한 꿈을 자주 그리는 스타일로 로맨티스트 기질이 다분하여 아내에게 행복을 줄 수 있다.

남자건 여자건 우선 전체적인 상의 맑고 탁함을 봐야 하는데 이는 보통 첫인상에서 결정된다. 적어도 맑고 깨끗한 얼굴 정도는 알아두었다가 선인인지 악인인지 구별할 수 있어야 한다. 많은 사람을 보고 접하다 보면 자기만의 기준이 생길 것이다.

결혼을 늦게 하는 얼굴

때가 이르지 않으면 꽃은 피지 않는다. · 『법구경』
인연은 업(業)이 성숙할 때 맺어지며,
그 시기가 늦더라도 그것이 곧 올바른 운명이다.

◆ 코 · 관골

    결혼 적령기가 점점 높아지는 추세다. 결혼을 꼭 해야 하는지 의문을 갖는 사람도 늘고 있다. 여성의 사회참여가 많아지면서 경제적 독립이 가능해진 부분도 결혼 적령기를 높인 이유 중 하나로 볼 수 있다.

    그래서 결혼 적령기를 훨씬 뛰어넘은 노처녀, 노총각들도 부지기수로 늘고 있다. 주위만 봐도 굳이 결혼 생각이 없는 능력 있는 처녀, 총각도 많고 결혼을 간절하게 원하지만 이렇다 할 짝을 만나지 못해서 노처녀, 노총각도 많다. 노처녀, 노총각의 얼굴에는 어떤 특징이 있는지 살펴보도록 하겠다.

눈썹과 눈썹 사이인 미간이 지나치게 좁은 경우 남녀 모두 의사 전달이 서툴러 자신의 감정을 표현하거나 사랑의 감정을 주고받는 데 익숙해지기 힘든 면이 있다. 또 역삼각형 얼굴은 사교가 서툴러 고독한 면이 있다.

특히 남자의 경우 얼굴의 중심을 잡아주는 코가 약하고 뼈대만 앙상하거나 볼품없게 자리하고 있으면 노총각이 될 확률이 크다. 콧구멍만 보이고 코가 있는 듯 없는 듯 작은 코는 좋은 여자를 휘어잡기 힘들다. 이런 약한 코를 가진 남자는 여자를 책임질 수 있을 만한 적극성과 추진력이 부족해 결혼이라는 결단을 쉽게 내리지 못할 수 있다.

여자의 경우 좌우 관골, 즉 광대가 발달해 있으면 사회 활동에 대한 욕심이 많다. 그리고 일을 중요시해 어느 정도 성공하기까지는 결혼을 뒤로 미루는 경향이 있다. 일을 시작하고 성공하기까지 일정한 물리적인 시간이 필요하다. 일에서 '이 정도 했으면 됐어'라는 자기만족이 있어야 다음 단계인 결혼으로 넘어갈 수 있다.

그렇지 않고 결혼하게 되면 집안 살림도 어정쩡한 상태가 되고 밖에서 일을 하고자 하는 강한 욕구 때문에 가정에 소홀해지기 쉽다. 더군다나 관골이 발달한 상태에서 입이 크다면 꿈과 야망도 있어 남편을 내조하고 아이를 키우면서 사는 삶에 대한 동경이 없다. 만족이 안 되는 것이다.

다만, 살이 받쳐 균형을 이루면 남편의 관직과 사회적 지위를 돕고, 자신도 사회 활동에서 두각을 나타낸다.『마의상법』에는 이런 말이 있다. 여자의 광대가 높고 살이 없으면 남편을 제압하나, 살이 받쳐주면 남편을 도와 성공케 한다. 즉, 광대는 권위의 자리이고, 살이 받쳐 조화로우면 사회 활동과 남편의 관직을 돕는 길상이다.

입은 '출납의 문'이라고도 한다. 여자의 입이 크면 말재주가 뛰어나고, 외부 일을 잘한다. 합쳐보면 여자가 좌우 관골이 발달했거나 입이 큰 경우, '일의 성취에 만족하는가?'라는 질문에 어느 정도 긍정적인 대답을 스스로 할 수 있어야 결혼할 때가 가까이 온 것이다.

입이 크다는 것은 두 눈의 눈동자에서 내려오는 두 개의 세로선을 기준으로 그 기준선을 넘어가는 크기면 크다고 보고 그 기준선에 못 미치면 보통이거나 작다고 할 수 있다. 가만히 있을 때와 웃을 때 둘 다 봐야 한다.

또 여자의 경우 이마 한가운데인 관록궁을 보고 명예, 남편의 성공이나 남편복을 보게 되는데 이것이 약한 경우 한 남자에게 정착하는 데 오랜 시간이 걸린다. 이마의 좌우가 틀어져 대칭이 아니거나 너무 좁거나 넓은 경우도 남편을 만나는 데 시간이 걸려 결혼을 조금 늦게 하는 것이 좋다. 이마에 큰 흉터나 기미가 있어도 일찍 결혼하면 행복한 결혼 생활이 되기 어렵다.

이마가 좁고 넓음의 기준은 우선 얼굴을 3등분으로 나눠보면 알 수 있다. 이마 끝에서 눈썹, 눈썹에서 코끝, 코끝에서 턱 끝으로 나눈 후 이마 끝에서 눈썹까지의 길이가 전체 얼굴 길이의 3분의 1 비율보다 좁으면 발달하지 못한 것이고 그보다 크면 넓은 것이다.

여자의 이마가 둥글면서 넓은 경우 옛날에는 과부상이라고 했으나 남녀가 경쟁하는 현대사회에서는 오히려 믿음직한 여성이라 할 수 있다. 이런 이마를 가진 여성은 독립적이고 자립심이 강해 남편감을 만나는 데 시간이 오래 걸리지만 헤어진 남자에 크게 미련을 갖지 않는 합리적인 성격의 소유자다.

또 여자의 이마가 발달하지 못했거나 지나치게 넓은 경우 결혼할 남자를 만날 때 충분한 시간을 갖고 둘 사이의 관계에 대해 생각해 보는 것이 좋다.

연애 기간은 봄, 여름, 가을, 겨울의 4계절 동안 달라지는 상대와 나의 감정 변화를 느낄 수 있는 1년 정도는 하는 것이 좋다. 노처녀, 노총각이라도 평생 함께할 인연을 단숨에 결정하는 일은 직감이 발달한 사람이라도 위험하다.

악질형 인간을 피하는 법

巧言令色, 鮮矣仁 · 「논어」
교묘한 말과 꾸민 얼굴에는 인(仁)이 없다.

　　세상에는 온갖 부류의 악질형 인간이 있다. 자녀나 부모가 그런 사람인 경우야 어쩔 수 없지만 배우자가 되기도 하는 걸 보면, 인간관계를 맺을 때 상대가 아무리 악질이라도 자신에게 잘하는지를 기준으로 삼는 것 같다.

　　특히 여자의 경우 모든 사람에게 친절한 사람보다 보통 자기한테만 잘하는 사람을 선호하는 편이다. 하지만 내 생각은 다르다. 사람으로 태어났으면 기본적으로 지켜야 할 선이 있다. 그 선을 넘어 자기 이익만 추구하고 다른 사람에게 피해를 주며 밟고 일어서려는 자는 가까이에 두면 안 된다.

　물론 모든 사람에게 좋은 사람일 수는 없다. 어떤 이에게는 정말 고마운 평생의 은인이지만 어떤 이에게는 욕먹는 사람일 수도 있다. 하지만 타고난 근본에 선함이 있어야 한다. 따라서 악질형 인간은 반드시 구별할 줄 알아야 한다.

　그런 사람은 일단 책임지지 않으려 한다. 무한 무책임주의다. 책임질 위치에 있어도 교묘하게 아래로 떠넘긴다. 누군가를 문책하거나 처벌해 자신은 빠져나가려고 하는 데 여념이 없다. 좋은 투자처가 있어 지인들과 함께 투자한 K씨는 어찌어찌하여 돈을 못 받게 되었다. 하지만 악질형 인간이었던 K씨는 절대 앞으로 나서지 않았다. 그저 뒤에서 이간질하고 욕하면서 같이 투자한 지인들을 조종하여 감정을 북받치게 하는 데 앞장섰다. 그리고 정작 해결해야 할 때는 자기만 살짝 빠지는 야비한 면을 보였다. 결국 K씨를 제외한 지인들은 폭행 사건에 연루되어 검찰에 송치되었다.

근본적으로 악랄한 근성은 쉽게 바뀌지 않는다. 사람마다 얼굴과 인생의 격(格)이 있는데 이는 그 사람이 갖고 있는 돈과 명예의 문제를 떠나 삶을 바라보는 관점을 보여준다. 악랄한 근성을 가진 사람은 자신이 성공하려면 남을 짓밟아야 한다고 생각하고 열등감과 시기심이 가득해 모든 것을 삐딱하게 본다.

말쑥한 차림의 노신사가 회사에 불쑥 찾아와 회장 이름을 대며 급하게 수표를 현금으로 바꾸려 했다. 신입 경리는 그 말을 믿고 현금을 줬으나 뒤늦게 수표가 위조된 것임을 알게 된다. 1,000만 원 수표를 확인도 없이 현금으로 건네준 어리석음은 문책받아야 마땅하다. 하지만 그 부서 팀장은 본인이 700만 원을 마련하고 나머지 300만 원은 직원들에게 조금씩 받아 없었던 일로 조용히 마무리했다.

악질형 팀장이라면 이런 식으로 했을 리 만무하다. 일단 급하게 인사 위원회를 열어 그 직원에게 책임을 물을 것이고 회사 자금에 대한 손실을 빨리 메꾸도록 으름장을 놓을 것이다. 이런 인간형은 잿밥에 관심이 많다. 조직

내에서 일이 벌어지면 그 안에서 자신이 취할 수 있는 이득에만 관심이 있다. 단돈 10원이라도 챙기지 않으면 성에 차지 않는다. 심지어 법인 카드 포인트까지도 철저히 챙겨간다. 자신이 선호하는 음식점에 포인트 카드를 만들고 각종 회의 등 식사할 일이 있을 때 사람들을 몰고 간다. 이때 적립한 포인트로 가족과 식사하며 따뜻한 아버지 노릇을 한다.

얼핏 보면 악질형 인간이 일을 열심히 하는 것 같고 성과도 잘 내는 것 같다. 하지만 조금 자세히 보면 전혀 그렇지 않다. 오히려 악질형 인간 때문에 주변 사람들의 성과가 떨어진다. 악질이 없어져야 조직 내 화합과 생산성이 높아져 조직 성과를 향상시킨다. 악질은 동료 직원의 업무 의욕을 저하시키고 조직 목표 달성을 방해하며 전반적인 성과를 떨어뜨리기 때문이다. 긍정적인 조직 문화를 조성하고 구성원들의 동기 부여와 협력을 강화하며 조직이 본래 목표를 달성하기 위해서는 악질형 인간을 철저히 추려내야 한다.

그런 부류는 주인의식과 주인을 구별하지 못한 채 주

인 행세하기 바쁘다. 일을 추진하고 잘못되었으면 분명 책임이 있지만 자신은 마치 감사(監事)인양 비난하기에 바쁘다. 여러모로 일반적인 상식과 기준으로 판단하기 어려운 인간형이다.

그런데 악질은 잘 웃는다. 그 웃음에 속으면 밝게 웃는 표정 속에 가려진 악랄함을 맛볼 수 있다. 잘 웃는 얼굴이라도 가만히 보면 악마가 보인다. 혐오스럽고 건방지고 사납고 무서운 사냥개 같은 얼굴 표정을 보면 두려움마저 느껴지기도 한다.

따라서 감각적으로 한눈에 들어오는 전체적인 상의 느낌이 가장 중요하다. 누구나 화나면 얼굴이 붉어지고 눈매도 매서워지지만, 대화를 할 때 평소에 잘 보지 못한 무서운 눈빛이 보인다거나 얼굴 전체 이미지가 마치 '악마'를 연상케 하는 사람이 있다. 순간적으로 드러나는 표정 속에서 그 악질의 진면모가 드러날 수 있다. 그들은 시기와 질투로 가득하고 남을 밟고 일어서야 한다는 강박관념과 모함을 당하고 있다는 피해망상으로 얼룩져 있다. 재밌는 점은 그렇게 살아도 제 딴엔 선인으로 기억되길 바란다는 것이다.

이런 인생의 종착역은 항상 비루하고 천하다. 눈앞에 보이는 작은 잇속만을 챙기느라 주위 사람들에게 심한 고통을 주며 뱉었던 하나하나의 말과 행동이 결국에는 자신의 운을 깎아 먹기 때문이다. 그리고 그 박복함은 가족과 지인들에게도 전해진다. 이런 자는 가까이 두지 말고 주변에 소개하지도 말아야 한다. 일단 악질 주변에 얼쩡거리지 않는 것이 좋다. 악질의 영향을 가장 많이 받으며 함께 살아온 가족, 지인은 그런 사람을 가까이 둔 과오로 자신의 운을 펼 기회조차 갖지 못하기도 한다.

고전 관상서에서 말하는 악질형 관상은 아래와 같으니 잘 살펴보고 되도록 피하는 것이 좋다.

1. 눈 : 눈빛이 흐리고 산만하며 늘 초점이 없거나 곁눈질이 습관이 된 자는 교활하고 신뢰하기 어렵다.
2. 입 : 입이 삐뚤어져 말할 때 한쪽만 움직이는 자는 거짓말이 많고 남을 해친다. 입술이 지나치게 얇은 자는 인정이 박하고 냉혹하다.

3. 코 : 코가 휘어져 있거나 콧날이 너무 얇으면 재물에 집착하며 비겁하다.
4. 광대 : 광대가 뾰족하게 튀어나왔으나 살이 받쳐주지 않으면 권세욕과 남을 제압하려는 기질이 강하다.
5. 얼굴빛 : 얼굴이 늘 음울하고, 웃음이 가식적이며 눈빛과 따로 놀면 겉과 속이 다르다.

위선자는 평생 피해를 준다

입으로는 법을 말하나,
행하지 않는 자는 스스로를 속이는 자다. •『법구경』

위선자는 얼핏 보면 허우대 좋고 멀쩡하게 생겨 참 예의 바르고 성실해 보인다. 지나가다 마주치면 정겹게 인사하는 좋은 사람으로만 보인다. 하지만 그 뒤를 보면 구려도 그렇게 구릴 수 없는 비루함으로 가득 차 있다. 출세와 이익을 위해 가까운 동료나 선후배를 배신하고 가장 윗선의 라인을 잡는 데만 급급하다. 업무와 무관한 온갖 소문까지 윗선에 보고하는 데 여념이 없다. 이를 윗사람에 대한 충성이라 착각한다.

후배들에 대한 관심은 애초에 없으니 사람에 대한 애정과 통찰력이 있을 리 만무하다. 언제나 아래 직원은 무시하고 윗사람에게만 사력을 다한다. 대화도 윗사람에게만 집중하고 윗사람이 하는 말에 숟가락을 얹어 교묘하게 맞장구친다. 그러면서 돌아서서 성실하고 착한 사람 코스프레를 하니 역겹기 그지없다. 자신의 출세에만 급급하여 다른 사람의 처지는 아랑곳하지 않는다. 즉, 존재 자체만으로 주변에 피해를 주고 피곤하게 만드는 타입이다. 덩치만 크지 하는 짓은 조무래기 같다.

이런 거짓이 몸과 마음 전체에 내면화된 타입은 한순간 관상으로 알아차리기 어렵다. 다만 코가 구부러져 있거나 좌우 눈 크기가 심하게 다르거나 좌우 균형이나 조화가 맞지 않는 사람은 거짓말에 능하고, 눈이 작고 매우 동그란 경우도 믿기 힘든 상이다. 위선자 타입은 천천히 지켜보면서 음성과 말버릇을 통해 파악하는 것이 좋다.

말을 시작하기 전에 한숨부터 쉬고 윗사람과 아랫사람 또는 강자와 약자를 대할 때 태도가 너무 달라서 보기에 불편할 정도인 사람이 있다면 대개 인생 초년운을 나타내는 이마가 발달하지 못했다. 어려운 환경에서 자라 성숙해지는 사람이 있는 반면, 이런 자는 근본이 되는 마음의 상이 바르지 못해 오직 자신만을 위한 이기심으로 삐뚤어져 있다.

겉으로는 항상 바르고 옳게 행동하는 듯 보이지만 그 이면에는 시궁창 냄새로 가득 찬 사람이니 조심해야 한다. 위선자 부류는 그 이면을 냉철히 파악하지 않으면 알기 어려우니 신중하게 판단해야 한다.

고전 관상서에서 말하는 위선자 관상은 아래와 같다.

1. 눈 : 입은 웃으나 눈이 웃지 않는 자는 입은 꿀 같으나 속은 칼 같은 간사한 사람이다.
2. 눈빛 : 말투는 온화하나 눈빛이 어둡고 탁하면, 말과 마음이 다르다.
3. 눈과 눈썹 : 눈과 눈썹이 조화를 이루지 못하고, 말과 행동이 다르면 속임수가 많다.

멍청한 사람도 일단 피하고 보자

어리석은 자는 자신이 어리석음을 알지 못한다.
그것이 곧 큰 어리석음이다. • 「법구경」

인생은 어찌 보면 바둑과 같다. 상대의 수를 읽고 그것에 대응하는 수를 두는 선택의 연속이다. 그 선택은 타고난 천성, 지혜와 교육으로 만들어진 지성으로 정해진다. 때로 심사숙고할 수 있을 만큼 충분한 시간이 주어지기도 하고, 빨리 선택해야 하는 급박한 상황도 많다.

이런 선택의 순간에 멍청함은 그 역할을 톡톡히 한다. 세상에는 멍청한 사람들이 의외로 많다. 거기에 부지런하기까지 하면 정말 답이 없다. 방향 감각 없이 오직 근면

함으로 무장된 이들은 결국 노예의 삶에 가까워진다. 그러면서 자신은 부지런하게 살았다며 스스로 위로하고 다독인다. 이런 사람을 가까운 인연으로 두지 않는 것도 성공한 인생에 다가갈 수 있는 길이다.

관상적으로 보면 입술이 심하게 두꺼워 입을 다문다고 다물었는데도 벌어져 있는 입을 가진 자가 바보상에 가깝다. 또 눈썹과 눈썹 사이인 미간이 적당히 넓으면 화끈하고 대인관계도 좋은 길상이지만 지나치게 넓으면 뭐 하나 제대로 마무리할 수 없어 끝이 약한 멍청한 상이다. 이래도 좋고 저래도 좋으니 뭘 해도 제대로 할 수 없다. 딱히 목표도 없고 뭔가 크게 바라지도 않는 타입이다. 또 얼굴 전체적으로 좌우 대칭이나 균형이 맞지 않는 경우도 멍청한 상이다. 사리분별이 잘 되지 않아 웃지 않을 상황에 웃고 말을 하기 전에 실없이 웃는다.

이런 멍청한 인간들은 교통사고처럼 예고 없이 다가온다. 알게 모르게 피해를 입지만 악의가 있었던 것은 아니라서 딱히 뭐라고 탓할 수도 없는 상황으로 흘러간다. 그런 타입과 만나면 당신의 소소한 행복들이 조금씩 멀어질 수 있다.

고전 관상서에서 말하는 멍청한 관상은 아래와 같다.

1. 이마와 눈 : 이마가 좁고 낮으면 어리석은 상이다. 눈이 멍하고 빛이 없어도 어리석고 지혜가 부족하다.
2. 입과 귀 : 입이 커서 늘 벌리고 다니는 자는 우둔하다. 귀가 뒤집히고 바퀴(윤곽)가 없으면 성격이 둔하고 융통성이 없다.
3. 찰색 : 정신과 기운이 모이지 않고 얼굴에 윤기가 없는 자는 큰일을 이루기 어렵다.

수술, 시술 받으면 인생이 바뀔까?

形隨神轉 · 「적천수」
형은 신을 따라 움직인다.
얼굴 모양은 꾸밀 수 있어도,
내면 기운이 바뀌지 않으면 운명도 바뀌지 않는다.

　일반적으로 남자보다 여자가 외모를 더 많이 의식하는 편이다. 얼굴에 흉터가 있는 사람은 아무래도 신경이 많이 쓰이고 콤플렉스로 작용한다. 특히 여자의 경우 그런 외모 콤플렉스가 남자에 비해 훨씬 강하기 때문에 더 큰 영향을 미친다. 남자를 만날 때도 '연애가 잘될 수 있을까' 하는 고민에서부터 '행복한 결혼이 가능할까' 하는 생각까지 다양하게 들 수 있다. 그러면서 인생 전체에 부정적인 에너지를 줄 수도 있으므로 흉터가 있다면 시술 등을 통해 없애주는 것이 좋겠다.

혐오스럽게 생겼거나 얼굴에 굉장한 콤플렉스를 가진 경우는 마음에도 악영향을 미치기 때문에 어쩔 수 없이 수술이 필요하지만, 나는 보통 수술을 권하지 않는다. 사람은 모두 생긴 모습이 다르고 그렇게 생긴 데에는 다 이유가 있다고 생각하기 때문이다. 간절히 시술을 원한다면 이마와 명궁(미간)의 흉터는 제거하라고 권한다. 그 부위의 흉터는 후천적으로 생겼더라도 좋지 않다.

이마는 남녀 공히 인생 초년운을 보는 자리인데, 여자에게 이마는 명예와 남편복에 해당한다. 따라서 흉터나 기미 없이 깨끗하게 관리하는 것이 중요하다. 그리고 눈썹과 눈썹 사이는 명궁이라고 해서 좋은 기운을 받는 자리로 관상을 볼 때 매우 중요하게 여기는 부위이다.

또 얼굴에서 역삼각형을 이루는 눈썹과 눈썹 사이인 명궁, 눈썹과 눈, 그리고 코는 시선을 가장 많이 받는 자리다. 그래서 역삼각형 부위가 잘 생겼으면 그 외의 부분이 못생겼더라도 미남이나 미인으로 보이고 이 부위가 비슷하면 서로 닮았다고 인식하게 된다. 즉 관상을 떠나 사람의 인상을 강렬하게 만들고 이미지를 결정짓는 중요한 부위다. 항상 깨끗하고 상처 없이 관리해야 한다.

명궁에 있는 흉터나 세로 주름은 반드시 시술로 보완해야 한다. 이는 파란만장한 인생을 의미하므로 하루빨리 없애야 한다. 예로부터 명궁이 맑고 윤택하면 복록이 길게 이어지고, 좁거나 칙칙하면 평생 장애가 많다고 했다. 『상법대전』에서는 명궁을 '백 년 운명의 큰 줄기'라 하고, 얼굴에서 가장 먼저 살펴야 할 핵심 부위로 여겼다.

얼굴에 윤기가 흐르는 홍황색 빛이 나면 부귀공명은 이미 그 사람에게 와 있다. 남녀를 떠나서 피부 빛깔은 생기를 띠어야 하고 안에서 빛을 발하는 느낌을 주어야 좋은 상이다. 피부는 상처가 없어야 하며 기미, 잡티가 없는 상태에서 밝게 빛나야 한다. 오악이라고 불리는 이마, 코, 양쪽 광대, 턱의 다섯 군데는 빛을 더욱 발해야 하는데 오광(五光, 다섯 군데의 빛)이라 표현할 정도로 중요하다.

또 명궁의 찰색(얼굴빛)이 좋으면 실패를 피해갈 수 있다. 문제가 발생한다 해도 곧 해결되어 큰 실패로 이어지지 않는다. 운이 살아 있기 때문이다.

 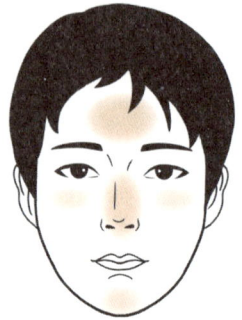

    이 찰색, 얼굴빛은 몇 가지 색으로 나눌 수 있다. 목, 화, 토, 금, 수라는 오행에 기초한 것인데 파랑, 빨강, 노랑, 흰색, 검정색이다. 파랑, 빨강, 흰색, 검정색은 흉색으로 보고 노랑만 길색으로 본다. 또 노란색 계통으로 홍색이 띠어도 좋은 일을 암시한다. 특히 윤기 있는 노랑과 홍색이 길색이다.

    자신의 얼굴을 유심히 보면 어떤 빛깔이 나타나는지 보일 것이다. 그리고 그 색에 따라 조만간 좋은 일이 일어날지 안 좋은 사고가 일어날지를 예측해 볼 수 있다. 이마 중앙과 눈썹과 눈썹 사이인 명궁, 눈썹 주변과 코의 색으로 명예나 재물운을 살펴보고 눈 끝 어미와 눈 주변의 색을 살펴 연애와 결혼 생활을 알아볼 수 있다.

좌우 눈꼬리 부근의 색이 연홍빛으로 변하면 새로운 이성이 나타날 가능성이 높고 부부 관계나 연애가 별다른 문제없이 진행되고 있다고 볼 수 있다. 하지만 청색이나 적색 또는 적갈색을 띠면 가까운 미래에 부부 또는 이성과 문제가 생겨 이혼이나 이별을 할 수 있다.

어미

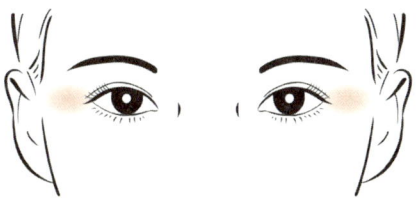

이마는 남녀 공히 명예, 직업을 나타내는데 여자의 경우 남편운도 드러낸다. 여자의 이마에 흑색이 보이면 남편운이 불길해져 마음의 고통이 올 수 있는 징조이니 주의가 필요하다. 반대로 윤기가 있는 자색(紫色)을 보이면 남편의 일이 잘 풀리게 된다. 남자의 경우 이마가 검은색을 보이면 실직할 위험이 있다.

여자들은 흰 얼굴을 선호한다. 물론 귀부인 관상의 조건이지만 그보다 더 중요한 것은 얼굴이 빛나는 것이다. 어떻게 보면 누구나 자신만의 얼굴색이 있는데 이를 인위적으로 하얗게 만드는 것은 자연스럽지 못하다. 그러므로 얼굴색은 자연스럽게 두고 얼굴빛에 더욱 관심을 갖는 것이 필요하다.

얼굴 전체에 윤기가 흐르는 홍황색 빛이 나면 부귀공명은 이미 그 사람에게 와 있다. 눈빛도 그렇지만 얼굴에 빛이 나면 그러하다. 얼굴빛이 곧 운빨이라고 생각하라. 얼굴에 윤택이 있어야 운이 따른다. 그러니 당신의 운명을 바꾸려거든 화이트닝을 버리고 브라이트닝에 신경을 써라.

하지만 미래는 열려 있으니 누구나 마음을 바로 세우고 정성을 다해 살아간다면 상도 바뀌고 길운이 찾아오는 법이다. 성형이나 메이크업보다 중요한 것은 마음을 먼저 바꾸는 일이다.

스스로 운을 깎아 먹는 사람

어리석은 자는 자신이 심은 업의 열매로
스스로를 해친다. • 『법구경』

◆ 빈천상

빈(貧)하다거나 천(賤)하다는 것은 한 사람의 격을 말한다. 위엄이나 귀함이 느껴지지 않고 천박하고 빈(貧)하거나 박한 느낌을 준다는 것이다. 그런 관상과 체상을 타고난 경우도 있고 살아온 인생이 반영되어 빈천한 느낌이 더해지기도 한다.

말을 함부로 지껄이고 열등감에 사로잡혀 입만 열면 자기 자랑을 하고 남을 욕하고 이간질하면서 이득을 취하려 하거나, 남이 안 되는 것을 즐기고 자신의 능력으로 오를 수 없으니 헐뜯어 남을 끌어내리면서 이익을 취하려 하거나, 부끄러워해야 할 때 부끄러움이 없으며 어떤 비판도 듣지 않고 수치심이 없거나, 옆 사람은 곤란을 겪고 있는데 피식피식 웃으며 딴청 피우거나, 앞으로 나갈 때와 멈추고 기다릴 때를 알지 못하는 등, 이 모든 습관은 사람을 빈천하게 만든다.

이렇게 스스로 운을 깎아 먹으며 재수 없는 짓을 하는 사람은 점점 몰락하게 된다. 이런 사람이 주변에 있다면 천천히 눈여겨보라. 그 말로가 얼마나 비참한지 알 수 있을 것이다. 운은 한순간 사고처럼 바로 나타나지 않는다. 서서히 사람의 격을 만들어가면서 하나씩 하나씩 결과가 나타난다.

빈천상의 남자는 눈빛에 힘이 없고 음성이 낮고 작으며 눈이 작고 짧아 두려움이 많다. 기색이 맑지 못하고 탁하여 한눈에 기색이 어둡고 정면에서 콧구멍이 보이므로 낭비가 많고 돈 나갈 일이 많다. 머리털이 거칠고 농밀한 사람은 육체적으로 고생이 많다.

빈천상의 여자는 몸에서 좋지 않은 냄새가 나고 눈에

눈물이 고여 있으며 눈꼬리가 처져 남편과 이별하기 쉽다. 얼굴이 남자의 상을 한 경우 일복이 많으며 혼자 사는 여자가 많고 눈에 흰자위가 많은 것도 남편이나 자식과 인연이 약하다. 코가 뾰족하면 복이 없어 한 남편만 섬기기 어렵다.

빈천상에 가깝다고 하더라도 살아가면서 매일같이 매사의 일에 더욱 위엄과 격이 있는 말과 행동을 습관으로 삼는다면 그 빈천함을 멀리할 수 있게 될 것이다.

고전 관상서에서 말하는 빈천상은 아래와 같다.

1. 이마와 코 : 이마가 좁고 낮으면 가난하고 미천한 상이다. 콧대에 뼈가 드러나 있으면 재물이 잘 모이지 않는다.
2. 눈과 입 : 눈에 정신적인 빛이 없으면 평생 고생한다. 입이 비뚤고 얇으면 먹을 복이 부족하고 시비가 많다.
3. 얼굴빛 : 얼굴빛에 윤기가 없고 메마르면 빈곤하다.

울림이 있고 맑은 목소리로 대화하라

♦ 음성

聲如鐘磬, 主貴顯 · 「마의상법」
목소리가 종이나 경쇠처럼 맑고 울림이 있으면
귀하고 드러날 운명을 가진다.

영화 「접속」을 보면 이런 대사가 나온다.

전도연   혹시 술 마셨어요?

한석규   어떻게 알았어요?

전도연   직업병이죠. 목소리만 듣고도 어떤 상탠지 알거

  든요. 도사가 되면 글자에서도 냄새가 나요.

전도연이 맡은 역은 홈쇼핑 상담원이다. 근무시간 내

내 낯선 사람과 전화 통화를 하고 그들의 요구 사항과 투정을 받아줘야 한다. 상대의 감정에 따라 대응해야 하기 때문에 목소리나 어투로 상대를 파악하는 데 빠르고 능숙하다.

이 영화에서는 이것을 직업병이라고 표현했는데 나에게도 비슷한 직업병이 있다. 처음 만난 사람의 얼굴을 하나하나 뜯어보면서 성향을 파악하려고 하고 미래를 예측하려고 하며 나와의 관계가 어떻게 될지 가늠해 보려는 습관이다. 공적인 만남뿐만 아니라 사적인 만남에서도 마찬가지다.

한 가지 일을 오래 하다 보면 그 일의 특성에 따라 직업병이 생긴다. 영화 속 전도연은 통화 상대의 얼굴을 보지 못하기 때문에 시각보다 청각이 더 발달했을 것이다. 따라서 목소리만 들어도 상대가 어떤 상태인지 안다. 관상에서도 목소리는 매우 중요하다. 목소리에도 격이 보이기 때문이다.

남자의 목소리는 풍성하고 단단하며 울림이 있어야 좋다. 만일 윤기가 없는 메마른 목소리라면 돈이 궁하기 쉽다. 여자의 목소리는 맑아야 한다. 남자가 여자 목소리를 내면 빈천하고, 여자가 남자의 목소리를 하는 것은 팔자가 강해 이혼할 확률이 크다. 특히 괄괄한 목소리는 남자의 기운, 양기가 강해 한 남자만 섬기기 어렵다.

크게 말해도 상관없는 얘기를 굳이 귀에다 소곤대기를 좋아하는 사람은 근본적으로 외로움이 크다. 소곤대는 행위로 친밀감을 드러내고자 하는 욕구지만 실제로는 성품이 악하고 음흉한 면이 있는 사람이다.

말투나 습관으로도 상대를 파악할 수 있다. 언젠가 세미나에 참석했는데 반대 의견을 가진 상대방의 심한 비난에도 끝까지 차분함을 유지하는 패널을 본 적이 있다. 장차 큰 인물이 될 수 있는 상이었다.

반면 입만 열면 과거 성공했던 일들에 대해 자랑을 늘어놓는 사람은 실제로 열등감과 허영심이 많고 거짓말을 잘하는 경우가 많다. 또 말이나 발표를 할 때 유독 손짓을 많이 사용하면서 그 손짓의 움직이는 범위가 작으면 소심함과 불안함을 드러내는 것이다.

다음은 고전 관상서에서 말하는 목소리 관상이다.

1. 목소리가 크고 맑아 종소리 같으면 귀하고, 갈라진 대나무 소리 같으면 천하다.
2. 목소리가 맑고 밝으면 정신과 기운이 충만하고, 약하면 정신이 부족하다.
3. 형모는 속일 수 있어도, 음성은 속일 수 없다. 즉, 목소리가 진짜 심성과 운명을 드러낸다.

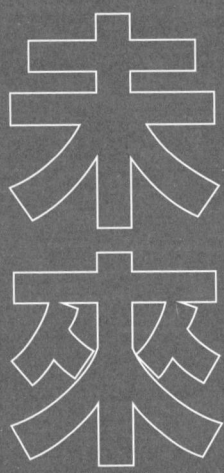

미래 ♦♦♦♦♦♦

사람을 읽어라

남을 아는 자는 지혜롭고
자신을 아는 자는 밝다.
「노자」

표정이 전부가 아니다

어리석은 자는 껍질만 보고,
지혜로운 이는 씨앗을 본다. • 「법구경」

우리는 미소 짓는 얼굴을 보면 상대가 나에게 호감이 있다고 생각한다. 미간을 잔뜩 찌푸리면서 인상을 쓰고 있으면 뭔가 고민하거나 풀리지 않는 문제가 있다고 판단한다. 입가에 활짝 웃음이 번지고 눈까지 함께 웃고 있다면 즐거운 일이 있어 기뻐하거나, 지금 벌어지고 있는 상황이나 이야기들이 재미있어 즐기고 있다고 인식한다. 눈이 그렁그렁하고 금방이라도 눈물이 떨어질 것 같은 얼굴을 하고 있다면 어떤 상처로 고민하고 아파하느라 견디기 힘들어 한다고 생각한다.

우리는 감정에 따라 얼굴이 변한다는 사실을 안다. 기쁘면 웃고, 화나면 얼굴에 인상을 잔뜩 쓰고, 슬프면 울고, 즐거우면 얼굴 가득 미소가 번지는 현상은 자연스럽다. 우리는 이러한 자신의 경험을 바탕으로 상대의 상태나 감정을 파악하려고 한다.

그런데 같은 표정이라도 어떤 때에는 전혀 다른 감정을 갖기도 한다. 웃음도 단지 기쁨이나 즐거움만이 아니라 다른 여러 가지 감정을 표현할 수 있다. 분위기가 어색해서 그냥 어물쩍 넘기기 위해 웃기도 하고, 상대방의 호의를 거절할 때 그 사람의 체면을 살리기 위해 가볍게 웃기도 한다. 또 정말 싫은 사람 앞에서 티를 내지 않으려고 살짝 웃기도 하고, 무리한 제의에 멋쩍어 웃기도 한다.

이 정도의 감정이나 상태의 변화는 직감이나 느낌, 영감이 발달하지 않은 사람이라도 읽어낼 수 있다. 왜냐면 본인도 그렇게 하고 있을 뿐더러 여러 상황에서 직접 겪고 느껴봤기 때문이다.

문제는 사람마다 근본이 되는 태생적인 성향이 다르

다는 데 있다. 이 성향에 따라 일반적인 뜻을 넘어서기도 한다. 사람에 따라 웃음이 의미하는 바가 전혀 다를 수도 있다는 말이다. 심지어 웃음이나 울음을 자신의 상황을 바꾸는 수단으로 활용하는 사람도 있다. 그러니 눈에 보이는 것만이 전부가 아니다.

따라서 사람의 근본적이고 타고난 성향을 정확히 읽을 수 있어야, 표정만 보고도 그 사람의 숨은 감정과 상태를 올바르게 파악할 수 있다. 눈에 보이는 표정으로는 상대의 보편적인 감정이나 상태를 읽을 수 있으며, 태생적 성향을 함께 고려하여 표정 하나하나를 뜯어봐야 그 속에 담긴 숨은 의미까지 파악할 수 있다.

그렇게 하지 않으면 미소를 잘 짓고 호탕하게 잘 웃는 사람을 좋은 사람이라고 단순하게 판단하는 오류에 빠지기 쉽다. 잘 웃는 사람 중에서도 악인은 있다. 오히려 잘 웃지 않고 차가워 보이는 사람 중에 겸손하고 심성이 착하고 어진 경우가 많다.

표정이 전부가 아니다. 여러 사람을 만나는 경험을 통해 성장과 통찰을 얻었으면 그것으로 충분하다.

엎질러진 물은 흘려보내라

水火旣濟卦 · 『주역』
이미 이룬 일에 집착하지 말고
새 시작을 준비하라.

　살아가는 동안 가장 괴롭고 억울한 일 중 하나는 오해를 받는 일이다. 내가 뜻하지도 의도하지도 않았는데, 자신을 바라보는 사람들의 시선이 달라져 오해를 받게 되면 괴롭다.

　하지만 돌이켜 봤을 때 자신을 더 괴롭히는 것은 내가 상대를 오해하여 제대로 파악하지 못하고 잘못 말하거나 행동한 일이다. 세상은 선과 악이 있다고 하지만, 사실 선과 악의 경계는 불분명하다. 단지 애매한 상태의 선과 악이 있을 뿐이다. 세상의 모든 이치가 그렇다. 좋고 싫다는 것도 그렇고, 사랑하고 미워하는 것도 그렇다. 어중간한 감정이 많기 때문에 상대를 제대로 파악하는 것은 더 어렵다. 자기 감정이나 마음도 제대로 알기 어려운 마당에 남을 관찰해 그 마음을 꿰뚫어 보는 것은 불가능하다.

그래서 내가 오해를 받거나 상대를 잘못 파악하여 엉뚱한 말과 행동을 해버릴 수 있는데, 그 괴로움은 후자가 훨씬 더 크다. 자신의 말과 행동이 개입되어 있기 때문이다. 타인에 의해서 벌어진 상황도 물론 괴롭지만, 후자는 내가 다르게 말하고 행동했다면 얼마든지 다른 결과를 얻을 수 있었기 때문에 후회의 정도가 다르다. 그렇게 지나간 일들을 마주하는 것은 괴롭기 그지없다.

판이 벌어진 후에 상황을 바꾸려고 발버둥질해 봐도 이미 엎질러진 물이다. 과거로 돌아갈 수도 없고 지금에서 뭔가 한들 상황이 바뀔 기미도 보이지 않는다. 문제가 생긴 바로 그때 조금 더 잘 알아차리고 다르게 말하고 행동했어야 했다. 이런 생각이 계속 떠오르니 정말 미치고 환장할 노릇이다. 이미 엎질러진 물은 담을 수 없으니 이를 받아들이고, 본질을 볼 수 있는 통찰을 키우는 데 힘을 쏟아야 한다.

오해와 진실, 그리고 진심

形而上者謂之道, 形而下者謂之器 · 『주역』
형체 너머의 것을 도라 하고,
형체 아래의 것을 기라 한다.
도(본질)는 영원하고 기(형식)는 일시적이다.

인연

 인연을 소중히 하지만 그 인연이 끝날 때는 성숙하게 보내줄 수 있어야 한다. 사람이나 인생에 대한 본질을 볼 수 있는 통찰을 높이면 관계에서나 일에서의 성취를 얻을 수 있다.

 우리는 뜻하지 않게 오해를 받아 괴롭기도 하고 남을 오해해서 미워하고 밀어내기도 한다. 또 때로는 눈에 보이거나 들리는 것 이면의 진실을 알게 되어 아픈 상처가 되기도 한다. 그런 경우 상대에게 진심을 알리고 정성을 다하면 해결될 것 같지만 그것도 쉽지 않다. 심각하면 부담이 될 뿐만 아니라 저자세로 길게 이어지는 구구절절한 말에는 오히려 상대가 귀를 기울이지 않게 된다. 본인은 이미 오만가지 상상과 생각으로 마음이 많이 부풀어 있어 조급하겠지만, 상대방의 마음은 절실하고 절박한 내 마음과는 다르다. 정작 이 말을 듣는 상대는 공감하기가 어려워 잘 들리지 않는다.

오해와 이면의 진실, 또 진심이 왜곡되면 더 큰 상처를 받기 때문에 사람을 제대로 읽는 것은 반드시 필요하다. 사람을 바르게 읽어야 내 마음을 오해 없이 전달할 수 있고 영영 못 보게 되는 관계까지 가지 않을 수 있다.

부모와 형제를 제외하고 나면 한평생 인연의 끈을 놓지 않고 오랜 시간 이어갈 수 있는 인연은 많지 않다. 심지어 핏줄이라고 하더라도 이런저런 이유로 보지 않고 살아가는 사람도 많다.

부모와 형제를 제외하고 길게 볼 수 있는 사람은 부부와 자녀, 그리고 친하게 지내는 친구 몇 명일 것이다. 친한 친구가 초등학교 친구라고 하더라도 실제로 같이 보내는 시간은 얼마 없다. 100세까지 산다는 가정하에 90년 동안 1개월에 1번씩 만났다고 치더라도 고작 1080일, 즉 2.95년이다. 100세 평생에 2.95%를 같이 보내는 것이 부모, 형제, 부부, 자녀를 제외한 가장 친한 친구들과 함께 할 수 있는 시간이다. 하물며 일로 만나거나 약간의 친분이 있는 관계는 말할 것도 없다.

100세라는 가정도 건강하게 잘 살았을 때의 기준이다. 상대의 건강도 고려해야 하기에 같이 100세를 살 확률도 적다. 게다가 한 달에 한 번씩 계속 만나는 일도 어렵다. 한 번 만나는 것이 24시간을 함께 한다는 의미도 아니므로 실제로 한 사람과 2.95년을 보낼 수도 없다. 양적인 접근이 어색하긴 하지만, 이렇게 따지고 보면 100세 인생을 기준으로 약 1년의 1% 정도를 같이 보낸 사람은 내 인생에 가치가 있는 인연이라고 할 수 있다.

사랑하는 사람을 만나면 100일을 기념하고, 1주년을 기념하여 선물을 주면서 파티를 하기도 한다. 위와 같이 생각하면 1년은 기념할 만큼 긴 시간이기도 해서 서로 오래 잘 만나온 것을 축하할 만하다. 더 나아가 남녀가

1000일까지 함께한다면 2.73년 동안 만난 것이므로 서로를 충분하게 이해했다고 할 수 있는 의미 있는 시간이다. 「천일동안」이라는 제목의 노래도 있지 않은가.

우리가 만나게 되는 수많은 인연은 인생에서 1%도 되지 않는 짧은 시간을 같이 보낼 뿐이다. 그 짧은 시간 속에서 오해하며 미워하기도 하고, 사랑을 하기도 한다. 그렇기 때문에 더욱더 인연을 소중하게 생각하고 인생의 인연을 바르게 볼 수 있어야 한다. 이는 사람의 마음은 물론 보이지 않는 감성까지 읽어야 하는 이유인 것이다.

『주역』에서 만물은 상호 의존과 교류로 성립한다고 했다. 사람과 사람의 인연도 하늘의 이치이다. 즉, 인연은 우연이 아니라 천명, 자연의 법칙 안에 있는 것이므로 소중히 다루어야 한다. 인연은 하늘이 맺어준 것이니, 억지로 끊거나 소홀히 하면 화가 따른다. 이미 맺어진 인연을 귀히 여겨야 복이 따르는 법이다.

맺어진 인연에 최선을 다했지만 혹여 그 인연이 다했다면 아름답게 보내주는 태도가 필요하다. 인연은 두 사람의 동의하에 시작하게 되지만, 그 인연의 끝은 한 사람에 의해 멈춰질 수 있으니 항상 만남보다 이별이 더 쉽게 이루어진다. 맺어진 인연에 최선을 다해도 언제 보지 못할지 알 수 없다. 그러니 상대를 잘 읽어내고 진심과 최선을 다해야 한다.

마음을 의지하는 형이 한 명 있다. 그 형이 진행하는 영화제에 같이 가게 되어 행사를 마치고 늦게 숙소에 들어갔다. 그날은 국가 대표팀 축구 경기가 있는 날이라 새벽까지 축구를 보고 조금 늦게 잠이 들었다. 아침 8시가 조금 넘었을 시간에 형한테 전화가 왔다. 아침을 먹자고 했고 가볍게 우거지국을 먹었다. 그리고 카페에 앉아 한참을 이야기했다. 그때는 지금처럼 친하지 않았을 때였다. 전날 일정으로 꽤 지치고 힘들었을 텐데 이야기를 계속 이어가는 모습을 보고 지금 나에게 최선을 다하고 있구나, 우리의 관계에 에너지 넘치게 대응하고 있구나, 라는 생각이 들었다. 그냥 아는 동생이었을 그때의 나에게 특별한 이유랄 것도 없이 최선을 다했던 형의 모습에서 느껴진 따뜻함이 지금도 알게 모르게 살아가는 힘이 된다. 그리고 고맙다. 내 주변의 인연에 대해 더욱더 최선을 다하고 힘이 되어야겠다는 마음까지 갖게 되었다. 인연을 소중하게 대하는 이런 마음은 주변 사람을 변화시키고 많은 사람에게 정신적인 따스함을 준다.

상대를 읽고 나를 제대로 읽을 수 있게 매순간 노력하지 않으면 진심과 진실에 대해 말할 기회를 영영 잃을 수도 있다. 사람의 마음을 잃는 것만큼 슬픈 일은 없다. 억지로 기회를 만들어봤자 그전처럼 내 말에 귀를 기울이지 않을 것이다.

오해는 평범한 일상 속에서 너무도 쉽게 발생한다. 사람들은 자기가 보고 싶은 것을 보고, 믿고 싶은 것을 믿으면서 그것을 마치 사실인 양 단정 짓는 데 익숙하기 때문이다. 그리고 이미 단정을 지은 결론에서 한 발짝도 물러서려고 하지 않는다.

자신이 만든 결론은 태생적인 천성이 반영되었을 뿐더러 이제껏 살아오면서 겪은 자신만의 일반적인, 그리고 특수한 경험을 통해 내면화된 것이어서 바꾸기 어렵다. 한 사람의 근본, 그리고 그 근본으로 살아온 세월 속에서 성향은 이미 결정되고 굳어졌다고 할 수 있다.

사랑하는 사람의 마음을 얻기 위해서도 그 사람의 마음을 읽어야 하고, 계약을 성사시키기 위해서도 상대방의 의중을 꿰뚫어야 한다. 투자를 하려고 할 때도 그것이 부동산이든 주식이든 그 투자의 매력을 느끼고 가치를 평가하는 일은 결국 사람들의 마음에 달려 있어, 사람들이 제대로 판단할 수 있을 때를 기다릴 수 있어야 돈을 벌 수 있다. 즉 부동산과 주식에 대한 사람들의 기대감을 읽어야 매력적인 투자처를 찾을 수 있다.

처음에 최선을 다하라

君子以自強不息 · 『주역』
군자는 끊임없이 스스로 힘쓴다.
꾸준한 좋은 관성이 길운을 부른다.

　일, 그리고 사랑의 초기 단계에서는 상대를 제대로 읽는 능력이 절실하게 필요하다. 조금이라도 뭔가가 맞지 않는다면 언제든 방향을 틀거나 멈출 수 있는 시기이기 때문이다. '처음'과 '시작'은 항상 더 많은 변동성과 위험성을 가지고 있다.

　'시작이 반이다'라는 말은 단지 일단 무엇인가를 하게 되는 시작만을 의미하는 것이 아니라 '올바른 시작'을 의미하기도 한다. 시작이 제대로 되면 결과가 나올 때까지 그 관성에 의해 어느 정도는 순조롭게 진행될 가능성이 높다는 말이기도 하다.

모든 일에는 관성이 있다. 멈춰 있던 물체는 계속 멈춰 있으려 하고 한번 탄력을 받아 움직인 물체는 쉽게 멈추지 않는다. 자기가 가던 방향과 속도로 계속해서 움직이려고 한다. 마음이나 인간관계도 비슷하다. 잘 열리지 않은 마음이라도 어떤 계기로 한번 열리면 다툼과 실망과 어려움이 있어도 다시 닫히기가 어렵다.

회사에 입사해서 처음 한두 달은 이 직장과 나는 잘 맞는 걸까, 하는 고민이 생기지만 그 시기를 잘 넘기면 어느덧 '내 직장이 여기구나'라고 느껴질 때가 있다. 6개월이나 1년 정도는 취업이 어려운 요즘 같은 세상에 직장을 얻게 되었다는 즐거움으로 정신이 없다. 새로운 일을 배우느라 바쁘기도 하다. 하지만 1년, 3년, 5년, 10년 단위로 직장 생활에 위기가 찾아온다.

내가 진정 원하는 일인가 고민하면서 회의감이 들기도 하고, 극도의 좌절감과 불행함까지 느낀다. 그토록 원하던 직장은 스트레스만 주는 공간이 되어버렸고 출퇴근

러시아워는 나를 더욱 지치게 한다. 하지만 그 시기를 잘 넘기면 또 몇 년은 잘 지나갈 수 있는 관성이 생긴다.

사랑을 얻는 과정도 이와 비슷하다. 시작 단계에서는 그저 연락을 안 하는 것만으로도 만나고 싶지 않다는 의사를 전달할 수 있으므로 처음에는 연락을 자주 하고 특히나 둘이 같이 있는 시간에 최선을 다하는 것이 좋다.

또 누군가의 소개를 받아 일대일로 만나는 상황이 아니라면 그 만남이 술자리든 모임이든 제3자가 있게 마련인데, 이때 외부 요인을 잘 살펴야 한다. 왜냐면 제3자가 둘 사이의 관계를 깨거나 좋지 않은 영향을 미칠 수 있기 때문이다. 세심한 배려와 행동으로 오해를 사는 일이 없도록 해야 한다.

그리고 하나 더 주의할 점이 있다. 지금 둘 사이가 좋다는 확신이 들더라도 확실한 것은 지금 너와 내가 같은 시간과 같은 공간에 있다는 사실뿐이다. 잠시라도 한쪽의 마음이 돌아서면 곧 아무 관계도 아닌 사이로 변할 수 있다는 사실을 꼭 기억해야 한다.

잃을 것이 없어진다

中和之至, 天下大治 · 『중용』
올바른 방향에서 균형과 조화를 찾으면
세상이 잘 다스려진다.

　사랑하는 이에게 이유도 모른 채 제대로 된 이별의 말조차 듣지 못하고 연락이 끊겨본 경험이 있을 수 있다. 마음이 떠난 사람을 붙잡기 위해 조급한 마음으로 매달리다 결국 다시 볼 기회마저 잃고 영영 떠나보내거나, 반대로 나에게 다시 잡아달라는 신호를 보냈음에도 그것을 알아채지 못해 순순히 물러나 떠나보내며 가슴 아픈 시간을 견뎌온 사람도 있을 것이다.

　영화 「노트북」의 남주인공 노아는 여주인공 앨리를

보자마자 첫눈에 사랑에 빠져버린다. 노아는 자신의 사랑을 적극적으로 표현했고 둘은 결국 사랑하는 사이로 발전한다. 하지만 앨리 부모님의 반대로 이별 아닌 이별을 하게 되어 멀리 떨어지게 된다. 노아는 하루에 한 통씩 1년간 365통의 편지를 보내며 자신의 마음을 전하지만 앨리의 어머니가 모두 숨겨버리는 바람에 편지가 오기를 기다리던 앨리는 아무것도 읽지 못한다. 한참 시간이 흐르고, 노아는 앨리와 잠시 시간을 보냈던 집을 약속대로 멋지게 수리한다. 그런 노아의 사진이 신문에 실리게 되는데, 이것을 우연히 본 앨리는 옛 사랑인 노아를 그리며 그 집을 찾아간다.

서로의 마음은 충분했지만 단지 편지가 전해지지 못해서 결국 이별하게 되고, 각자의 길을 가야 한다면 얼마나 서글픈 일인가. 사랑하고 싶은 사람을 만나는 것은 쉬운 일이 아니며, 그 둘이 만나 서로 사랑하는 것은 기적과도 같다. 그 기적이 이렇게 유야무야 사라지는 인연으로 남는다는 것은 슬픈 일이다.

서로의 마음에 대한 확신이 있었다면, 조금만 상대의

마음을 제대로 읽어낼 수 있었다면 단지 편지에만 의존하지 않고 찾아갔을 수도 있다. 누군가를 사랑하는 경험을 하고 그 사랑을 놓치지 않기 위해 노력하는 일은 둘의 마음이 맞아야 한다. 상대가 멈추려고 하면 그쯤에서 멈춰주는 것이 어른의 사랑이기 때문이다. 반대로 얘기하면 상대의 마음을 읽어내지 못하면 그 사랑의 끝은 안타깝게도 뜻하지 않은 엉뚱한 방향으로 갈 수 있다는 이야기도 된다.

사랑 말고도 상대의 마음을 읽지 못해 힘들었던 경험은 누구나 있을 것이다. 일순간의 욕심과 장밋빛 미래에 대한 허황된 욕망으로 사람을 제대로 보지 못하고 그릇된 투자로 큰돈을 날리는 경우가 있다. 이때 날린 돈을 인정하지 못하고 한 번에 만회하려고 발버둥질하다가 가진 모든 돈을 털리고 바닥까지 드러난 후에야 정신을 차리기도 한다.

또 상사의 마음을 읽지 못하여 모난 돌이 정 맞는 본보기를 당하며 심한 괴로움에 빠지기도 하고, 일의 성과와 관련이 없는 평가로 자격지심에 빠지기도 한다.

사람의 마음을 제대로 읽지 못해서 돈과 사랑, 인정과 기회 등 많은 것을 잃었는가? 하지만 이제 됐다. 그만큼 잃었으면 됐다. 충분히 경험했으니 이제부터는 안 겪거나, 적어도 덜 겪을 테니 됐다. 교훈을 얻은 것으로도 지나간 시간은 충분히 의미가 있다.

사람이 곧 운명의 문이다

지혜로운 벗과 함께하면
천생의 복을 얻는다. • 「법구경」

인간관계

　어차피 인생은 사람들과 관계를 맺으면서 살아갈 수밖에 없다. 외향적이어서 사람들과 어울리는 것을 좋아하는 사람도 있고, 관심이 내면에 쏠려 있어서 혼자 조용히 사색하는 것을 좋아하는 사람도 있다. 사람마다 이렇게 각기 다른 활동을 통해서 에너지를 얻어간다. 성향에 따라서 사람들을 사귀고 어울리는 방법도 다르며, 직업 또한 다 다르다.

　하지만 우리는 성향이 서로 달라도 부모님과 형제, 자

매와의 관계를 시작으로 이런저런 관계를 맺고 살아갈 수밖에 없다. 그렇기 때문에 쓸데없는 에너지나 시간을 낭비하지 않기 위해서 사람을 제대로 읽을 수 있어야 한다.

사람만큼 내 인생을 들었다 놨다 하는 요소는 없다. 운도 '사람'을 배놓고 생각할 수 없다. 운은 결국 사람을 통해서 온다. 사람은 곧 운명의 문이다. 천인을 만나 인생의 나락을 맛보기도 하고, 귀인을 만나 큰 문제를 해결하고 성취하기도 한다. 이것이 인간관계를 다루는 책들이 비슷비슷한 제목을 달고 쏟아져 나와도 언제나 서점의 베스트셀러 한 켠을 굳건히 지키고 있는 이유다.

다만 우리가 흔히 알고 있는 인간관계에 대한 보편적인 조언은 문제가 있다. 사람마다 지문이 다르듯 그 성향도 얼핏 비슷해 보이지만 다르기 마련이다. 타고난 천성, 그리고 사회적 동물로서 살면서 발달한 성향을 무시하고 인간을 범주화하면 곤란하다.

물론 그 마음이야 알겠다. 그 간절함은 이해한다. 하지만 인간은 단순한 동물이 아니다. 사람들은 단지 규정하고 나누면 알 수 있다고 믿을 뿐이다. 특히 인간에 대한 이해는 실험을 통해 과학이라는 이름을 붙여 수치화하지만 언제나 한계에 부딪친다.

과학이 아무리 발달했다고 외쳐봐야 우주에서 과학적으로 설명할 수 있는 물질은 5%도 되지 않으며 세상에는 과학으로 설명할 수 없는 많은 기괴한 일들이 일어나고 있다. 단지 그런 일들이 과학적인 검증 방법으로 답을 얻지 못했기에 비과학적이라는 둥, 우연일 뿐이라는 둥 쉽게 말하고 있을 뿐이다. 과학으로 모든 것을 파헤칠 수 있다면 좋겠지만 그것만으로는 부족하다.

운이 사람을 통해 온다는 사실을 어떻게 과학적으로 입증할 수 있을까? 입증할 수 없으면 사실이 아닌 것일까? 우리 삶에 깊이 들어와 있지만 여전히 비과학적이라고 치부되는 영역인 사람과 운명을 읽는 기술에 대해서 좀 더 열린 마음을 가졌으면 좋겠다.

내면에 귀를 기울이는
동양철학

자기를 이긴 자가 가장 위대하다. • 「법구경」

　동양의 철학이 언제부터 서양의 과학에 밀렸을까? 비과학적이라는 이름으로 이토록 무시당하고 등한시된 적이 있었나 싶을 정도다. 우리나라의 국기, 태극기의 한가운데에는 음양의 기초가 되는 주역(周易)의 태극(太極)과 8괘 중 그 모양을 뒤집어도 변함이 없는 4괘가 박혀 있다. 세상의 만물은 음양으로 나눌 수 있고, 그 음양이 조화되는 환경을 만드는 것이 가장 중요하다는 사실을 이미 국기에 명시하고 있는 셈이다.

이런 나라에 살고 있으면서 음양을 기초로 논하는 사주나 궁합, 관상, 풍수, 성명학 등과 같은 학문의 논리를 비과학적이라고 말하는 것은 어불성설이다. 음양이라는 학문, 그리고 잘 쓰지 않아서 퇴화된 직감의 영역에 대해서 인정하지 않으려고 하는 현대사회의 시선은 안타깝기만 하다.

인간관계에서도 음양의 원리로 사람을 읽어낼 수 있다. 기본적인 이론도 중요하지만 사람을 보고 첫눈에 드는 느낌도 무척 중요하다. 그러니 느낌이나 영감, 직감으로 사람을 알 수 있는 능력을 키우는 것이 필요하다.

굳이 관상이라는 학문을 공부하지 않아도 인상과 관상은 우리들 삶에 깊이 들어와 있다. 준 것도 없이 미운 사람이 있고, 호감이 가서 자꾸 뭔가를 주고 친하게 지내고 싶은 사람이 있다. 이렇게 자신의 경험을 바탕으로 사람을 판단하는 것이 관상의 시작이다. 사람을 보고 생긴 대로 논다느니 말하는 건 얼굴이 못생기거나 조화롭지 못한 것뿐만 아니라 얼굴 이면에 있는 비열하고 비루한 모습에 대한 비판이다.

관상은 인생 전반에 영향을 미친다. 그런 영향으로 인생에서 일어나는 수많은 일에 대응하는 근본적인 원칙과 자기 논리가 형성되며, 그러한 대응이 모여 인생을 만든다.

영화 「올드보이」에서 지극히 평범한 회사원이었던 주인공은 영문도 모른 채 감옥에 갇히게 된다. 우연히 TV를 통해 자신의 아내가 살해당했고, 자신이 살인범으로 지목되고 있음을 알게 된다. 이에 자살을 감행해 보기도 하지만 죽는 것조차 용납되지 않는다. 그는 복수를 하기 위해 8평이라는 제한된 공간, 감옥에서 체력 단련을 하고 자신을 이곳에 가둘 만한 사람들이나 사건들을 모조리 기억 속에서 꺼내 자서전을 작성한다. 이렇게 15년 동안 만두만 먹으며 쇠젓가락으로 탈출구를 마련한다.

영문도 모른 채 감옥에 갇혀 15년 동안 만두만 먹는다면 보통의 경우 괴로움에 더 이상 만두를 먹지 못하거나 아니면 모든 것을 포기하고 만족하며 살아갈 것이다. 어떻게 해도 도망칠 수 없는 상황이기 때문에 쉽게 단념할 수 있다. 하지만 사람은 본성과 근본을 건드리는 문제에 부딪쳤을 때 비로소 본연의 모습이 드러난다. 그렇게 인생의 사건에 대응하는 방식과 그 선택에 의해서 운명을 스스로 만드는 것이다.

또 관상뿐만 아니라 몸의 상, 즉 체상을 통해서도 귀함과 천함, 빈부를 알 수 있고, 말투에서도 미묘한 심리를 읽을 수 있다. 목소리 톤과 몸짓 등을 통해서도 전체적인 분위기를 느낄 수 있고 이를 바탕으로 '이 사람은 이런 사람이다'라고 판단할 수 있다. 그러나 잘못 판단하면 순식간에 인생이 꼬일 수 있기 때문에 제대로 된 판단 능력을 키우는 것이 중요하다.

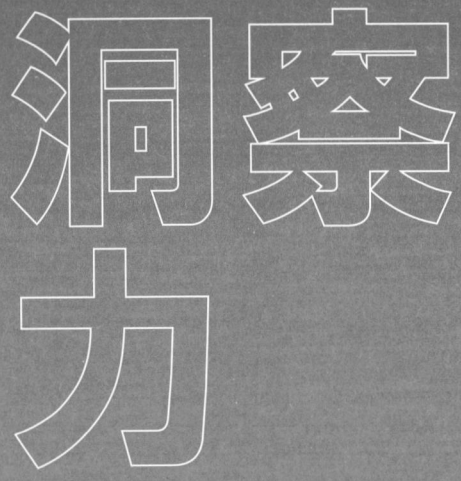

통찰력 ♦♦♦♦♦♦

영감과 직감을
길러라

지혜로운 자는 본질을
직관적으로 아는 힘이 있다.

『논어』

전조를 알면
시간과 돈을 아낀다

작은 악은 싹 날 때 끊어야 하고,
작은 선은 싹 날 때 길러야 한다. •『법구경』

새로운 사람과의 만남은 어떤 면에서는 설레는 일이다. 남녀 간의 만남뿐 아니라 누군가 새로운 사람을 만나러 가는 길이 그렇다. 설사 업무적인 관계라도 뭔가 자신의 인생을 변화시킬 누군가를 만날 수 있을 거라는 막연한 기대감을 갖게 한다. 그래서 처음 사람을 만날 때 만남의 성격이나 장소에 맞는 옷을 신경 쓰게 된다. 가끔은 앞으로 다가올 상대방과의 관계나 일의 성사 여부에 대한 징조가 느껴지기도 한다.

전에 이사를 앞둔 신혼부부의 인테리어를 의뢰받은 적이 있다. 그 가족들과 같이 현장에 방문하여 요구 사항을 한참 동안 들었다. 몇 주가 지나고 그 부부가 살고 있는 아파트로 인테리어 디자인 프레젠테이션을 하러 갔다. 그런데 문제가 생겼다.

주차 구역에 들어가던 도중 차가 멈췄다. 액셀을 더 세게 밟아도 꼼짝도 하지 않아 차에서 내려 확인해 보니 밑에 커다란 돌덩이가 있었다. 주차하는 데 정신이 팔려 돌도 못 보고 들어가서 오도 가도 못하는 신세가 된 것이다. 여느 때 같으면 차량 서비스 센터에 전화해서 차를 들어 올렸겠지만 일정도 급하고 해서 그냥 액셀을 힘껏 밟아 차를 뺐다. 차 전면과 바닥이 한순간에 심하게 찌그러졌다.

그렇게 찜찜한 마음을 뒤로 하고 부부에게 프레젠테이션을 했다. 그들은 TV에서 본 나의 인테리어 디자인도 마음에 들었다며 이런저런 자료를 보여주자 흡족해 했다. 그리고 다음 달쯤으로 공사를 의뢰하겠고 했다. 그렇게 일은 잘 마무리되는 듯 보였고 다음 달에 시작될 공사를 머릿속에 그리며 기분 좋게 집을 나왔다. 다만 새 차가 찌그러진 것이 마음에 걸렸다.

다음 달 일정을 확정하기 위해 전화를 했다. 그런데 예상 외의 답변이 왔다. 아버지가 견적이 너무 비싼 것 같다며 세부 내역을 달라고 했다는 것이다. 난감했다. 견적서에는 이미 공사 범위를 포함한 직접 공사비와 간접 노무비 등이 공정별로 자세하게 적혀 있었기 때문이다. 공사에 들어갈 세부 정보까지 기재되어 합리적으로 시공하려는 우리의 의도도 이미 느꼈을 거라 생각했다.

여기서 더 세부적으로 견적을 내는 일은 그림값을 캔버스 가격과 물감 비용으로 따지는 격이었다. 더 쉽게 설명해 보자면 커피 한 잔의 가격은 원두와 설탕, 일회용 컵 등 재료의 원가만 포함하는 게 아니라 카페가 들어올 때의 권리금, 임대료, 전기세, 세금, 인건비는 기본이고 혹여 장사를 접을 경우 그에 따른 손실도 감안한, 모든 것이 포함된 금액이다. 나아가 대화를 나누는 장소에 대한 비용과 땡볕에 시원한 에어컨 바람으로 더위를 식혀주는 가치도 포함된다. 그림값도 단지 캔버스와 물감값뿐 아니라 작가의 창의적인 아이디어 비용이 포함된다. 그리고 그런 작품을 만들기 위해 받아온 교육과 어렵게 걸어온 인생 경험에 대한 대가도 들어간다.

인테리어 시안의 견적도 마찬가지다. 인테리어 시안에는 그 시안을 구상하여 설계까지 하는 데 걸리는 시간을 포함한 인건비가 있고, 아이디어의 이면에는 창의력에 들어간 교육비도 포함되어 있다.

결국 공사는 진행되지 못했고, 넘겨진 나의 시안은 어느새 원가 개념으로 왜곡되어 누군가에 의해 얼렁뚱땅 시공되었을 것이다. 어쩌면 처음 받은 견적보다 저렴하게 완공해 부부의 만족도는 높았을 수도 있다.

그리 유쾌한 경험은 아니었다. 조금 더 냉정하게 업무적으로 접근하지 못한 나를 탓할 수밖에 없었다. 공사 수주에 대한 확신을 갖고 시안까지 건네준 내 잘못도 분명 있었다.

누구나 이와 비슷한 경험을 한두 개쯤 갖고 있을 것이다. 전에 해보지 않았던 새로운 일을 시작하려고 할 때, 낯선 사람을 만나려고 할 때 뜻하지 않은 일을 겪는 경우가 있다.

이럴 때는 주의가 필요하다. 단편적인 경험으로 모든 것을 일반화하기 어렵지만 새로운 일을 시작할 때 그 시작에 뜻하지 않은 불쾌한 경험을 한다면, 또 이를 연거푸 겪게 된다면 안 좋은 일에 대한 징조인지도 모른다.

기분 좋게 시작해도 열정과 기쁨이 사그라지기 쉬운 마당에 뭔가 찜찜함을 안고 시작할 이유는 전혀 없다. 그래도 시작해야만 하는 상황이라면 주의에 주의를 거듭하여 문제가 생기지 않게 검토하고 준비하는 것이 좋다.

전조를 통해 미래를 미리 파악하는 학문이라고 해도 과언이 아닌『주역』에서도 '견미지저(見微知著)'라고 하여 작은 징후를 보고 큰 변화를 안다고 했다. 어떤 상황에서든 이런 징조를 경계하면 많은 시간과 돈을 절약할 수 있다. 성공한 사람들의 뒤에는 이런 직감을 통한 수많은 선택이 있었다. 직감은 자신의 잠재 능력이며 이제껏 살아온 인생의 경험이 쌓여져 만들어진 예감이다.

나쁜 운을 피하는 방법

작은 악이라도 행하지 말고,
작은 선이라도 버리지 말라. • 「법구경」

주변 이야기를 들어보면 사람들은 스물아홉이 되면 서른이 온다는 불안감에 휩싸이는 것 같다. 서둘러 결혼 상대를 찾아야 한다는 조바심에 시달리는 사람도 많다. 이때가 아니면 결혼을 못할 것 같기 때문이라는 이유에서다. 여성은 30살이 넘으면 매력 없는 여자로 보일 거라는 두려움을 갖기도 한다(하지만, 30살, 40살이 넘는 아름다운 신부는 얼마든지 있다. 30살이 넘어도 여자의 인생은 절대 끝나지 않는다. 오히려 그 이후가 더 아름다울 수도 있다).

이럴 때 사고가 터지기 쉽다. 흔히 말하는 양아치 같은 남자를 만나 상처라는 상처는 다 받았건만 그 남자는 아무런 일도 없었다는 듯 무심히 사라진다. 여자가 자신의 인생에서 최악의 남자를 생각해 보면 29살에 만났던 남자인 경우가 많은 것도 이런 이유 때문이다. 29살의 여자는 다른 어떤 시기에 비해 무모하리만큼 과감하고 용감해진다.

남자는 서른아홉 살을 민감하게 느끼는데 마흔이 가까워오면 인생의 한 획까지는 아니더라도 무언가 이루어야 한다는 압박감이 커지기 때문이다. 젊을 때 막연하게 생각했던 서른아홉의 모습과 큰 괴리감을 느껴서다. 막상 서른아홉이 되었는데 특별히 바뀐 것도 없고 그저 생존을 위해 바쁘게 사는 자신을 보면서 이렇게 인생이 끝날 수도 있겠구나 하는 위기감을 강하게 느낀다. 돌파구를 찾기 위해 변변한 아이템이나 계획도 없이 일단 회사를 박차고 나와 정글에 뛰어들지만 세상은 그리 녹록치 않다. 직장이라는 조직이 보호해 주던 울타리가 없으니 세상에 이리저리 깨지고 터진다. 힘들어지기 쉽다.

남자의 39살은 위기의 나이다. 직장에서도 매너리즘에 빠지기 쉽고, 그러면서도 눈코 뜰 새 없이 일이 많아 정신이 없다. 가정에서도 자라나는 아이로 인해 경제적, 심리적 부담을 느끼고 아내와의 관계도 소원해진다. 이런 소외감과 심리적 불안감이 조바심으로 나타나 새로운 도전을 계획하지만 실패에 대한 부담도 크다. 그러면서도 이때가 아니면 영영 샐러리맨으로 사는 게 아닐까 하는 생각에 불안감이 극에 달한다.

어차피 인생은 누구나 불안하다. 수조 원대의 부자나 일용직 노동자나 불안하기는 마찬가지다. 단지 잘나가는 사람이 남의 눈에 덜 불안해 보일 뿐이다. 설령 지금보다 10배 많은 돈이 있어도 불안하다. 남자친구가 없는 여자는 남자친구만 있으면 마음이 안정되고 편해질 것 같지만 막상 남자친구가 생기면 그에 따른 또 다른 불안이 찾아올 것이다. 아니면 오히려 더 큰 외로움을 느낄 수도 있다. 그러니 인생은 이런 불안한 마음을 극복하는 방법을 배워가는 과정이다.

아홉수라는 용어가 있다. 흔히들 아홉수는 결혼이나

이사 등 큰일을 치루기에 적당하지 않다고 한다. 기본적으로 나이에 9가 들어가는 것이 아홉수다. 9라는 숫자는 1만 더해지면 10 또는 0이 되는 숫자이다. 이제 한 살만 더 먹으면 인생의 10년 주기가 바뀌는 때인 만큼 좀 더 조심하고 신중하라는 의미다. 전역이 얼마 안 남은 군대 말년에는 떨어지는 낙엽도 조심하라고 한다. 떨어지는 잎에 무슨 위험이 있겠는가. 인생의 새 장을 시작할 때는 그만큼 조심하라는 의미다.

하지만 아홉수라도 생년월일시의 사주로 봤을 때 결혼운이나 좋은 배우자가 들어올 확률이 높은 시기에는 결혼해도 무관하다. 운이 괜찮으면 새로운 일을 해도 된다. 또 대운으로 볼 때도 아홉수는 중요하다. 사람마다 '10년 대운'이라고 운이 바뀌는 시기가 있는데 대운이 바뀌기 1년 전을 아홉수로 본다. 대운이 바뀌는 시기가 0~9로 다양하기 때문에, 어떤 사람은 7세 17세 27세, 이렇게 7이 아홉수가 되기도 한다.

새로운 일이나 사람을 만날 때 여러 신호나 징조를 세심하게 관찰하고 파악하기 위해 노력해야 하고, 인생의 새로운 장이 시작되는 초기에 괜한 사고나 좋지 않은 일을 당하지 않도록 잘 살펴야 한다. 그리고 안 좋은 일들이 연거푸 일어날 때는 일단 그 관성을 끊어야 한다. 주식투자를 직업으로 하는 전업 투자자가 일주일 내내 손실이 발생했다면 투자를 멈추고 시간을 가져야 한다. 그래야 좀 더 객관적으로 시장을 볼 수 있다.

영화 「끝까지 간다」를 보면 주인공인 형사는 어머니 장례식 날, 급히 경찰서로 향하던 중 실수로 사람을 친다. 상황을 재빠르게 인식하고 해결해야 할 순간에 오히려 진흙탕을 만든다. 시체를 누구도 찾을 수 없다고 생각한 곳, 바로 어머니 관 속에 숨겨 버리면서 상황은 더욱더 힘든 구렁텅이로 빠지게 된다.

누구나 정말 재수 없는 날, 재수 옴 붙은 날이 있다. 그때는 조용히 자신의 내면을 대하는 시간을 갖는 것이 좋다. 되도록 외출을 삼가고 새로운 일과 사람은 멀리하면서 그동안 해왔던 일상의 패턴으로 돌아가야 한다. 운이 좋지 않을 때는 좋은 인연을 만날 확률도 적고 일도 잘될 리가 만무하기 때문이다.

운이 좋지 않다고 느낄 때 할 수 있는 유일한 새로운 일은 공부를 하거나 책을 읽는 것이다. 학문과 사유, 철학으로 차분하게 나쁜 운을 견디면 운의 흐름이 바뀌어 좋은 운이 들어올 때 빛을 발한다. 준비를 많이 한 자는 좋은 운을 만났을 때 시너지가 강하고 그 힘이 만들어낸 성과는 남은 인생에 좋은 관성을 만들어내 자기 입지를 다질 수 있도록 해준다.

또 운이 좋지 않을 때는 베풀어야 한다. 이유 없이 밥이나 커피를 사고 주변을 살펴 도와줘야 한다.『삼명통회』에서 재성(財星)은 단순히 돈만 뜻하지 않고, 재물과 소유, 베풂과 인연까지 포괄하는 개념이다.

사주에서 재성은 극(剋)과 제화(制化)의 기능을 가지고 있어 기운이 막혔을 때 흐름을 풀어주는 역할을 한다고 봤다. 그래서 "대운이나 세운이 불리할 때, 기운이 막혀 흉운이 오면 재성을 활용해 흉을 제어하라."고 했다. 즉, 재물을 독점하거나 움켜쥐면 오히려 흉이 커지고, 나누고 베풀면 기운이 순환되어 흉운이 경감된다는 가르침이다. 명리학에서 기운은 순환해야 길하기 때문이다.

흉운이란 기운이 막힌 상태인데 재물을 베푸는 행위는 막힌 물길을 터주는 것과 같아 기운의 흐름을 다시 원활하게 만든다. 재성을 베푸는 것은 곧 덕을 쌓는 행위이고 덕을 쌓으면 귀인을 만나고 귀인을 통해 막힌 운이 풀린다고 보는 것이다. 흉운의 시기에는 인간관계도 막히기 쉬운데 베풂은 관계를 회복시켜 사회적 지지를 얻는 방법이 된다.

인생은 어느 한 시기에 정점을 찍게 되면 그 경험과 경력으로 이후 인생이 순조롭게 흘러가기도 한다. 그렇기 때문에 성공을 경험한 대부분의 사람들은 가급적 어린 나이라도 작건 크건 성취를 이루어보라고 권한다. 사회적인 성취가 아니어도 괜찮다. 그저 아침에 일어나 이불을 개고 침대를 정리하는 나와의 약속을 지키고 습관을 만들면 작은 성취로 기억되어 자존감도 높아진다.

아리스토텔레스는 "지금 나의 모습은 내가 반복한 행동의 결과이다. 그러므로 탁월함은 한 번의 행동이 아닌 평소의 습관에 달려 있다"고 말했다. 이는 즉, 우리의 모습은 매일 반복하는 행동과 습관의 총체적인 결과라는 점을 강조한다. 결국 이것이 쌓여 운명을 만들어낸다.

물을 길어올 수 있는 우물까지 왕복 1시간이 넘게 가야 하는 사막 마을이 있다. 부지런한 사람은 체력이 허락하는 범위 내에서 아침 일찍부터 밤 늦게까지 물을 퍼온다. 부지런함은 칭찬해야겠지만 그렇게 사는 것이 맞는지는 동의할 수 없다. 그런데 이 모습은 현대 직장인들의 모습과 유사하다.

새벽같이 일어나 아침을 먹고 출근 준비를 하며 교통 체증을 견디고 매일 반복되는 회의와 업무, 점심 식사와 잠깐의 흡연, 그리고 믹스커피 등 반복적인 일의 연속이다. 상사의 지시는 끝도 없고 그 지시에 대한 피드백도 계속된다. 눈치 보고 짬 내어 개인 용무를 보지만 결국 야근으로 지친 몸을 이끌고 집에 와 쓰러지듯 잠든다. 어쩌면 이렇게 열심히 사는 자신에 대해 뿌듯함을 느낄지도 모른다. 방향은 생각 못하고 속도만을 보기 때문이다.

회사라는 조직은 나름 심사와 분석을 한다 치더라도 계량적으로 개인별 성과를 분명하게 평가하기 어렵다. 학생들 성적처럼 딱 떨어지지 않는다. 그래서 꾸준하게 뭔가를 잡고 일하는 모습을 보여주면 좋은 평가를 받기 쉽다. 그러나 우선순위를 고려하지 않고 병렬적으로 모든 일을 하나하나 처리해 가면서 사는 것도 어리석다. 일을 하고 또 해도 좀처럼 삶이 개선되지 않는다.

직장 생활을 하면서 3년 전 모습과 달라진 점이 있는가? 3년 전 지금을 상상했을 때 모습이 고작 이 정도인가? 만약 변하지 않았다면 달라져야 한다. 다른 선택을 해야 변화된 미래를 꿈꿀 수 있다. 물론 어떤 직장은 당신의 미래와 가족을 책임져 줄 수 있다. 하지만 대부분 그렇지 않다.

알았다면 변해야 한다. 직장은 현재 주 수입원이고 많은 시간을 들여 일하는 곳이라는 사실을 부정하라는 의미가 아니다. 단지 내가 가장 행복하게 할 수 있는 일인지, 평생 몸과 마음을 바쳐 일할 만한 가치가 있는 곳인지 고민해야 한다.

지금부터라도 자신이 행복할 수 있는 일과 삶의 방향에 대해 하루 단 30분이라도 고민하는 것이 좋다. 일주일에 단 몇 시간이라도 그것에 대해 고민한다면 시야가 넓어진다. 그 변화가 중요하다. 그것은 몇 년 후에 자신을 변화시킬 수 있는 아주 강력한 힘이 된다. 그리고 언젠가 그 힘을 유감없이 발휘할 때를 만날 수 있다.

정년이 보장된 직장인은 특히 안일하게 생각하기 쉽다. 주중에 열심히 일했으니 이 정도 호사는 누려도 된다고 생각해 주말이 오면 놀고 쉰다. 비록 자기 분야에서 전문적인 기술과 지식이 있더라도 세상을 보는 눈이 점점 좁아진다.

물을 퍼오느라 하루 종일 일했던 부지런한 사람이 조금만 더 생각했다면 우물에서 사막 마을까지 파이프를 만들어 연결했을 것이다. 당장 먹고사는 문제가 있으니 파이프 만드는 것에 모든 시간을 쏟을 수 없겠지만 일부 시간을 할애하여 파이프라는 시스템 구축에 신경 썼다면 몇 년 안에 매일같이 물을 퍼오는 중노동에서 벗어날 수 있었을 것이다.

이런 통찰력과 지혜는 타고난 성향으로 살면서 일어나는 여러 사건에 대응하는 직접 경험에서 만들어진다. 하지만 인생은 유한하다. 이런 직접 체험과 가장 유사한

간접 체험은 책을 읽는 것이다. 책을 통해 통찰력과 지혜를 발견한 사람은 좋은 운이 들어올 때 남들의 몇 배에 해당하는 성과와 결과를 만든다. 그러니 운이 좋지 않다고 느낄 때는 때를 기다리면서 공부하고 책을 읽는 데 많은 시간을 보내야 한다. 그 시간은 이후 많은 선택의 순간에 역할을 십분 발휘하여 당신을 더욱 빛나게 할 것이다.

처음에 사랑하지 않은 것을 사랑하지 말라

誠者, 天之道也 · 『중용』
내면의 성실에서 나오는 첫 직감이 천도와 합한다.

누군가를 만나다 보면 처음의 인상이나 이미지와는 전혀 다른 경우가 종종 있다. 호인처럼 늘 웃고 좋아 보여도 많은 시간을 같이 지내다 보면 겉과 속이 다른 이도 많다. 반대로 첫인상이 차갑고 도도해 보이는 사람이 오히려 정 많고 심성이 고운 경우도 있다.

첫눈에 상대를 제대로 파악하는 것은 정말 중요하다. 상대를 훑는 그 찰나의 판단에 감정을 배제시켜야 한다. 관상을 볼 때도 처음 느낀 대로 말해야 객관적이다. 같이 차를 마시거나 식사를 해서 그 인상과 관상이 눈에 익숙해지고 호감이나 마음이 생기면 주관이 개입된다. 상대의 짠한 인생을 위로하고 싶은 동정심도 생기고, 잘됐으면 하는 마음으로 격려와 희망을 주고 싶어지기 때문이다.

쇼핑할 때도 첫 느낌이 작용한다. 한번은 사무실 에어컨을 바꾸기 위해 근처의 가전제품 매장을 돌았던 적이 있다. 한국의 대표적인 에어컨 브랜드가 두 가지밖에 없으니 근처 몇 군데 매장을 도는 것으로 족하다고 생각했다. 그리고 그중 한 제품을 구매하기로 결정했다.

그런데 뭔가 직원의 태도가 영 마음에 들지 않았다. 기본적인 매너조차 없고 기계적이었다. 그 직원은 일단 인상부터 그리 호감이 가지 않았고 가장 기본적인 설명도 해주지 않거니와 각 제품의 장단점 등까지는 설명할 의사조차 없어 보여 묻기가 민망할 정도였다.

그래도 다른 조건들이 만족스러웠기 때문에 급히 주문하고 약속한 다음 날 에어컨이 오기를 기다렸다. 그런데 배달하기로 한 날 아침, 매장 직원이 전화로 별다른 설명도 없이 약속 시간을 한 시간 늦추었다.

사람들이 흔히 착각하는 것이 있다. 소비자는 브랜드에 대한 신뢰와 가치로 제품을 구입하는 것이지 판매원이나 설치 기사를 보고 사는 것이 아니다. 다만 그 판매원이나 기사는 회사의 얼굴이다. 대기업을 등에 업고 으름장을 놓거나 권위를 세운다면 소비자로서는 유쾌할 수 없다. 그렇게 이른 아침에 느닷없이 전화를 걸어 자기 멋대로 시간을 옮기면 기분 좋을 리 없다.

이후 방문 기사가 와서 던진 첫마디는 이랬다. "이 사무실은 에어컨 설치가 안 됩니다." 에어컨 배관을 연결하면 된다는 것을 알고 주문했는데 다짜고짜 안 된다고 하니 황당했다. 미관상 좋지 않아도 괜찮다고 하니 그제야 그렇게는 된다면서 쭈뼛쭈뼛 어색한 웃음을 지었다.

사람도 그렇고 물건도 그렇다. 처음에 더러운 인상까지는 아니더라도 호감을 주지 못하면 시간이 지나도 계속 그럴 확률이 높다. 첫 느낌이 좋지 않다면 가까이 해서는 안 된다.

오래도록 사랑하는 부부의 비밀

見微知著 · 『주역』
작은 단서를 보고 큰 것을 안다.
한 알의 모래 같은 작은 것에서 큰 세계를 읽을 수 있다.

다음은 영국 낭만주의 시인 윌리엄 블레이크의 시 「순수의 전조」의 첫 구절이다.

To see a world in a grain of sand

And a heaven in a wild flower,

Hold infinity in the palm of your hand

And eternity in an hour.

한 알의 모래 속에서 세계를 보고,

들꽃 한 송이에서 천국을 본다.

손바닥 안에 무한을 담고,

한 시간 속에서 영원을 본다.

이 시는 작은 것 속에 큰 진리가 담겨 있고, 미시와 거시가 서로 연결되어 있다는 영적 통찰을 보여준다. 남녀는 순간적인 직감 말고 오감에 의해 느껴지는 부분이 있다. 오감이 서로 맞아야 만날 수 있다.

시각

절세미인이나 미남까지는 아니더라도 호감이 갈 만한 상대여야 한다. 물론 외모를 보는 것은 지극히 주관적이 있기 때문에 오히려 다행이다. '잘생겼다'와 '못생겼다'에 보편적 기준은 있지만 절대적 기준은 없다. 자신의 기준에 호감 가는 얼굴이면 일단 충분하다.

코끝이나 턱이 지나치게 뾰족한 사람, 콧구멍이 훤히

보이는 사람, 혈색이 침침한 사람, 눈에 살기가 있는 사람, 광대뼈가 불거진 사람, 눈에 항상 눈물이 도는 사람, 얼굴은 큰데 코가 작은 사람은 모두 빈궁한 상이니 참고하기 바란다.

청각

일단 원활하게 소통이 되어야 하고, 목소리 또한 중요하다. 어쩌면 평생 동안 들을 목소리가 될 수도 있기 때문에 이왕이면 귀를 편안하게 하는 목소리에 아무래도 마음이 더 간다.

'관상 중에 으뜸이 소리를 보는 것이고 그다음이 정신을 보는 것이며 다음이 형색을 보는 것이다'라는 말이 있다. 그만큼 음성은 관상학적인 면에서도 비중이 크다. 관상이 얼굴상을 중심으로 하지만 넓게는 관상뿐 아니라 몸의 상, 체상과 음성도 중요하다. 그다음이 자세, 몸짓, 습관 등이다. 다양한 요소로 한 사람의 타고난 성향과 그에 따른 미래를 예측할 수 있다.

관상이 아무리 좋아도 음성이 나쁘면 크게 성공하지 못하고 관상은 보통이라도 음성이 좋은 사람은 큰 성공을 맛볼 수 있다. 관상과 손금이 사람마다 다르듯 음성도 비슷한 사람은 있지만 똑같은 사람은 없다.

남자의 음성은 웅장하면 좋고, 여자의 음성은 맑아야 하고 갈라지지 않아야 한다. 앞서 이야기했듯 남자가 여자 목소리를 내면 빈천할 상이고 여자가 남자 목소리를 내면 팔자가 세서 한 남자에게 머물지 못할 상이다. 음성이 맑았다가 탁했다가 하는 사람도 빈천하다. 말소리가 입안에서 우물쭈물하면 평생 가난을 면치 못하고 말을 급하게 끝내버리거나 말을 하기 전에 얼굴색부터 변하면 천상이며 말에 급함이 있고 더듬는 자는 일에 막힘이 많다.

촉각

남녀가 만나면 손잡고 싶은 욕구는 자연스럽게 생겨야 한다. 평생 한 침대에서 살게 될지도 모르는데 손잡고 싶은 마음조차 들지 않는다면 다른 조건이 좋아도 이미 둘의 관계는 물 건너갔다고 볼 수 있다.

한번은 주말마다 선과 소개팅을 밥 먹듯이 했던 30대 중반의 지인이 이런 고민을 털어놓았다. 부모님 소개로 만나고 있는 여자가 좋은 사람 같고 결혼하면 살림도 잘 꾸려나갈 것 같은데 도무지 손을 잡고 싶은 마음이 들지 않는다는 것이다.

이미 답은 나왔다. 연애 초반임에도 남자가 여자 손조차 잡고 싶지 않다면 어떻게 평생 아내로 데리고 살 수 있겠는가. 두말할 필요도 없이 멈추라고 말렸다. 또 남자라면 어떤 상황이든 여자의 손을 놓지 않으려는 책임감이 있어야 한다.

명리학에서 남자에게 여자는 재(財)의 개념이라고 했다. '재'는 돈을 의미하고, 남자에게는 여자를 의미한다. 보통 남자가 성공해서 돈을 많이 벌면 여자가 쉽게 생기고, 사업에 실패하거나 재물이 깨지면 여자와 헤어지는 경우가 많은데, 이는 여자가 돈만 보고 좋아했기 때문이 아니다. 남자에게 돈과 여자는 '재'이기 때문에 같이 들어오고 나갈 때 같이 나가는 것이다.

또 '재'에는 관리와 통제의 의미가 있기 때문에 남자는 책임감 있게 누군가를 관리할 여력이 있고 통제하고자 할 때 여자를 만날 수 있다. 혼자 먹고살기도 벅차면 여자를 만나는 일은 점점 멀어진다.

어쩌면 여자의 손을 잡는다는 것은 관리에 해당된다. 따뜻하게 잡아주고 정신적인 안정감을 주고 너를 책임지겠다는 의미가 여기에 포함된다. 손을 잡는 행동은 스킨십을 넘어서는 의미가 있다.

또 여자 입장에서 남자는 관(官)이라고 했는데 이 '관'은 나를 누르고 통제하는 것을 의미한다. 여자가 남자의 어깨에 기대어올 때 지나치게 독립적이지 않고 의지하려는 모습을 읽을 수 있고, 그럴 때 남자는 여자를 지켜주고 싶은 마음과 함께 더 큰 사랑을 느끼게 된다. 남자가 들어갈 틈이 생기고 그 틈에 자연스럽게 들어가게 되는 것이다.

아무튼 남자가 여자의 손을 잡으면 단순한 스킨십을 넘어 보호와 관리의 대상으로 지켜주고 싶다는 마음을 드러낸 것이다. 따라서 손잡고 싶은 마음조차 들지 않으면 심각한 문제다. 죽고 못 살 정도로 사랑을 말해도 시원찮은 판에 손을 잡고 싶은 마음도 없다면 시간 낭비하지 말고 멈추는 게 정답이다.

후각

후각도 무척 중요한 부분이다. 체취도 사람의 건강, 성격과 운세 등을 나타낸다. 좋은 체취는 건강하고 긍정적이며 귀한 기운을 나타내고 좋지 않은 체취는 건강하지 않거나 부정적이며 빈천한 기운을 나타낸다. 땀 냄새가 아니라도 사람마다 특유의 체취가 있다. 체취가 견디기 어려우면 서로 만나기 어렵다. 굳이 진한 스킨십을 하지 않아도 그 체취가 느껴지는 경우가 있다.

오랫동안 연애를 하지 않았던 후배 여동생이 마음에 드는 남자를 만났다고 했다. 얼굴도 마음에 들고 키도 훤칠하고 직업도 안정적인, 그녀에게 딱 맞는 남자였다. 그러나 모든 게 다 맞기는 참 어려운 모양이다. 남자는 운동 후에 그녀를 만나는 경우가 많았는데 그녀는 그때마다 남자의 체취에 정신을 잃을 정도로 혼미해졌다. 처음에는 자신의 몸 상태가 좋지 않아 그럴지도 모른다고 생각했다. 그래서 남자의 차에 탔을 때 조심스럽게 숨을 들이쉬면서 냄새를 맡아보았다. 퀴퀴한 냄새가 코를 찔렀다. 후배 여동생은 고민에 빠졌다. 그 차에 탈 때마다 역겨움을 느끼면서도 체취 이외의 다른 건 전부 마음에 든다며 더욱 괴로워했다. 그러다 결국 냄새의 벽을 넘지 못하고 헤어졌다.

사람마다 특유의 향이 있고 그 향이 서로 자연스럽게 받아들여질 때 오래 만날 수 있다. 한 이불 속에서 평생을 살아야 할지도 모르는데 어찌 체취를 신경 쓰지 않을 수 있을까.

미각

음식에 대한 취향이 비슷한 것은 좋은 일이다. 그러나 첫 키스만으로 상대에게 마음이 가기도 하고 그 반대가 될 수도 있다. 사람 특유의 향이나 냄새가 입을 통해 훨씬 더 강렬하게 전달되기 때문이다.

오감에 의한 자극은 일순간에 뇌까지 전해져 마음을 사로잡는다. 논리에만 의존하기보다 몸의 감각과 직감을 발달시키고 관심을 가지면 자신도 모르게 상황 파악, 분위기 감지뿐 아니라 지금 함께 있는 사람과의 미래도 예측할 수 있다.

진상은 일단 피한다

사주에 소인운(小人運)이 들어올 수 있으니,
그 시기에는 겸손과 신중함으로 피해야 한다. •『적천수』

사람운

　어떤 사람이 차에 탈 때마다 왠지 모를 불쾌한 냄새가 난다고 상상해 보자. 바깥 냄새인가 하며 넘기려 했지만 만날 때마다 여전해서 거슬리고 신경이 쓰인다. 이렇게 불편함이 반복되면 만나기가 꺼려지는 법이다.

　사회생활을 하며 만난 사람과의 관계도 이와 마찬가지다. 어떤 사람을 처음 봤을 때 표정이나 말투가 왠지 예사롭지 않고 멍청하면서 우직하고 이기적으로 보였다고 하자. 소위 '또라이' 기질로 똘똘 뭉쳐 있어 보였다. 그런

데 계속 지내다 보니 그 사람에게 익숙해지고 정이 생기며 잘지내고 싶은 마음까지 생긴다. 그러나 조금만 더 겪어보면 독선적인 이기심에 멍청함까지 더해 상종하기에 어려운 인간임을 깨닫게 된다.

이런 경우는 드물지 않으며 어느 회사에든 또라이, 진상이 많다. 재밌는 것은 그 또라이와 진상이 사라진다고 행복한 직장 생활이 기다리고 있지 않다는 점이다. 밑에 있던 더 강력한 '똘기가 충만한 진상'이 수면 위로 떠올라 더 악랄하고 비열하게 자신을 괴롭힌다고 느낄 확률이 높다.

이런 유형도 견디기 쉽지 않다. 항상 자신은 바르고 공정한 듯 말하며 회사의 발전을 위해 헌신한다고 생각하고 이리저리 방향도 없이 부산하게 바쁘고, 알량한 철학에 바탕을 둔 직업관으로 위를 들쑤시고 아래를 달달 볶는 데 여념이 없는 유형이기 때문이다. 사람에 대한 애정은 안중에 없고 능력도 없는 사람이다. 이런 사람은 얼핏 회사에 도움을 주는 듯싶으나 사실은 '회사의 악'과 같은 존재다.

말을 섞으면 대화가 통하지 않으니 1분만 지나도 마치 가슴에 돌덩이를 얹어놓은 것처럼 답답하다. 예의상 조금 맞장구를 치면 일관되게 무의미하고 지루한 이야기를 계속 해댄다. 이렇게 상황 파악 못하고 자기가 하고 싶은 말만 주구장창 늘어놓는 습관은 주변 사람을 떠나게 만든다. 결국 자신의 운을 좋게 만들 기회도 날려버릴 수 있다.

본인도 뭐 그렇게 태어나고 싶어서 태어난 건 아닐 테니 어찌 보면 안됐다는 생각도 든다. 하지만 다시 말을 섞으면 그런 측은지심도 온데간데없어질 정도로 정나미 뚝 떨어지게 만드는 재주까지 가지고 있으니 참 난감하다.

물론 사람을 처음 본 이후 며칠간, 길게는 몇 달간의 모습만으로 판단하고 예측하는 것은 다소 위험할 수 있다. 어떤 사람을 부정적으로 판단해서 만나지 않는 건 큰 문제가 없다. 설사 정말 좋은 선인이었어도 아쉽긴 하지만 그걸로 그만이다. 하지만 내 사람으로 두었는데 그게 잘못된 판단이었다면 뼈저린 고통의 시간을 겪어야만 한다. 사람 한 명 잘못 들여 아무 문제없던 인생이 한순간

나락으로 추락하는 것을 무수히 봐왔다.

그래서 결혼 상대를 집안으로 들일 때 부부와 집안 궁합을 본다. 궁합에 대한 말이 나왔으니 조금 더 얘기하자면 서로 운의 흐름이 똑같기보다는 한 사람이 나쁠 때 다른 한 사람은 좋은 식으로 서로 조금 비껴가는 것이 좋다. 무엇보다 한 사람의 가장 근본적인 천성이 상대방에게 거슬리는 것 없이 자연스럽게 받아들여질 수 있는지가 중요하다.

몇 개월 전 얼굴에 위엄이 느껴지는 60대 중반의 여성이 방문했다. 누가 봐도 주부로만 살아오지는 않았을 법한 얼굴이었다. 얼굴에서 꽤나 돈도 만지면서 당당하고 떳떳하게 살아온 이력이 느껴졌다. 하지만 얼굴의 찰색이 어둡고 그늘져 있었다.

그 여성은 아들과 다니던 교회에서 자신을 잘 이해해주고 사람 좋아 보이는 남자를 알게 되었다. 이런저런 이야기를 나누며 친분을 키워오던 중 제안을 받게 된다. 그 남자 아들이 자동차 수입 관련 사업을 하려고 하는데, 자신의 아들도 같이 해보면 어떻겠냐는 제안이었다.

이미 큰돈이 있어 더 이상 돈 욕심은 없었지만 교회에서 알게 된 사람이라 왠지 모를 믿음이 가고 연구원으로 일하고 있는 아들이 더 활력 있고 큰 꿈을 가졌으면 하는 마음으로 아들에게 사업을 권유했다. 아들은 원치 않았지만 끝내 어머니 뜻에 따랐다.

그렇게 시작된 동업은 처음에는 잘되는 듯 보였지만 시간이 갈수록 많은 돈이 들었다. 그래도 남자의 말만 믿고 모든 돈을 쏟아부었다. 하지만 결국 회사는 문 닫는 지경에 이르렀고 부모에게 받은 유산과 평생 모은 돈 300억 원을 1년 만에 모두 날렸다. 대표로 있던 아들은 해외로 도망 다니는 신세가 되었다는 것이 무엇보다 더 안타까웠다.

이 이야기에는 두 가지 문제가 있다. 첫 번째는 잘 알지 못하는 사람과 잘 알지 못하는 사업에 투자했다는 점이다. 설사 잘 알지 못하는 사람이라도 그 사람의 얼굴이나 말투, 습관, 행동 등을 제대로 읽어냈다면 어려운 상황에 몰리지는 않았을 것이다.

두 번째는 비슷한 맥락이지만 이제껏 키워온 아들의

성향을 제대로 읽지 못한 것이다. 사람은 각자 타고난 능력과 재능, 천성이 있고 그것에 맞게 살아야 가장 행복하다. 아들이 대학 졸업 후 남들이 좋다 하는 직장에 들어가 마치 공장 생산품처럼 노예의 삶을 산다고 느끼는 것은 어머니의 생각이다. 어머니 입장에서는 사업가의 주도적인 삶이 마음에 들더라도 아들은 다를 수 있다.

세상에 좋은 인연만큼 중요한 것은 없다. 반복해서 말하지만 결국 운은 사람을 통해서 온다. 많은 사람을 만나는 것은 좋은 운을 만날 수 있는 기회를 만드는 일이다. 물론 이 과정에서 사람을 제대로 볼 수 없다면 나쁜 운으로 파멸할 수 있다. 그럼에도 사람들을 만나야 하는 이유는 혼자의 힘으로는 한계가 있기 때문이다. 우리는 함께 가야 더 멀리 높게 나아갈 수 있다. 구더기 무서워 장 못 담글까. 사람이 무섭다고 사람을 안 만날 수는 없다.

처절한 배신감에 가슴이 미어지고 싶지 않다면, 순수하게 다가갔던 사람에게 별 볼 일 없는 숱한 인연 중 하나로 치부되는 비참함을 느끼고 싶지 않다면 사람을 제대로 읽어야 하고, 그를 읽는 타이밍은 빠를수록 좋다.

가급적 가장 빠른 시간 내에 파악할 수 있도록 사람을 읽고 예측하는 데 관심을 가져야 한다. 사람들을 관찰하고 말이나 행동 이면의 속뜻을 읽는 습관을 들이면 좋다. 물론 상대를 파악하기 전에 반드시 자기 내면부터 깊은 관심을 가져야 한다. 내가 타고난 성향과 사회생활을 하면서 만들어진 성향에 대해 충분히 숙고할 필요가 있다.

고전 관상서에서의 말하는 진상은 아래와 같다.

1. 입과 눈 : 입이 삐뚤고 눈이 바르지 않으면 시비를 잘 일으킨다.
2. 목소리 : 목소리가 거칠고 얼굴에 흉한 기색이 있으면 다투기를 좋아한다.
3. 관상 : 생김새가 괴팍하고 성질이 변덕스러우면 가까이하기 어렵다.

행복은 늘 현재에 있다

과거는 이미 사라졌고,
미래는 오지 않았다.
오직 지금 이 순간만이 그대의 삶이다. • 『법구경』

자신의 성향이나 하고 싶은 일이 뭔지도 모르고 그저 바쁘게 달리기만 하는 사람들이 부지기수다. 그저 남들이 사는 모습대로 살아가다 스스로 이런 질문을 던진다. '나는 지금 행복한가?'

한번 차분히 질문해 보자. 나는 진정 지금 행복한가? 내가 하고 있는 일이 가족에 대한 의무 때문인가? 그저 남들이 얕잡아 보지 않는 길을 선택하며 살고 있지는 않은가? 나는 지금 남의 눈에 최고인가, 아니면 내 관점에서 최고인가? 나는 남들 눈에 최악의 사람으로 보이는 것이 두려운가, 아니면 나 스스로 생각하기에 최악의 사람이 되는 것이 두려운가? 내가 무슨 일을 하며 살고 싶은지 나 자신도 모르는 것이 아닌가?

대부분 행복하지 않다고 느낄 것이다. 그렇다고 어떻게 해야 행복해지는지 알지 못하며, 안다 해도 지금 하고 있는 일을 버리고 다른 길을 갈 수도 없다. 그래서 다람쥐 쳇바퀴 돌 듯 굴러가는 일상 속에 자신을 던진다. 그저 노예처럼 열심히 살지만 크게 나아지지 않는다. 아니면 이런 자각도 하지 못한 채 바쁜 일상에서 만족감을 얻을 수도 있다. 이것이 대다수 현대인의 모습이다. 이런 굴레에서 빠져나오려면 용기가 필요하다. 용기를 낼 수 없다면 '평생 행복하지 않았던 인생'이라는 꼬리표를 떼어낼 수 없다.

예전에 한 주한 대사가 남산 3호 터널에서 앞서가던 차를 들이박고 사망했다는 기사를 읽었다. 그의 나이 60이었다. 우리가 태어나 자기 자신을 처음 의식하게 된 나이를 10살이라고 쳐도 고작 50년 산 것이다. 게다가 그보다 더 어린 사람들도 병이나 사고로 무수히 세상을 떠난다. 우리는 언제 죽을지 알 수 없다. 막연히 언제까지 살고 싶다고 소망할 뿐이다. 그렇기 때문에 우리는 행복해져야 하고 행복하기 위해 노력해야 한다. 하루라도 빨리.

비록 지금 행복하지 않아도 미래의 행복한 나를 위해 견딜 수 있다고 생각하는가? 그것은 착각이다. 행복은 늘 현재에 있다. 가장 행복했던 시절을 떠올려보면 반드시 공통된 요소가 있다. 잠시 책 읽기를 멈추고 자신이 가장 행복했던 순간이나 시절을 생각해 보자.

과거 사랑했던 연인과 맥주를 마셨던 때도 좋고 여행을 떠나 와인을 마시면서 바깥 풍경에 빠졌을 때도 좋다. 아무것도 몰랐던 어린 시절 운동장을 뛰놀았을 때도 좋고, 일에 치여 살았지만 좋은 성과에 기뻐했던 때도 좋다. 생각을 해봤다면 이제 다음을 읽어도 좋다.

행복했던 순간과 시절은 분명 과거에 대한 후회나 미련 없이, 미래에 대한 두려움이나 걱정 없이 오직 그 시절 그 순간에 오롯이 몰입했던 시간이었을 것이다. 더 이상 망설이지 말고 행복할 수 있는 모습을 상상하라. 지금부터 자신의 행복을 방해하는 요소들을 없애면 당신은 변할 수 있다.

하지만 그 전에 사람의 마음을 읽고 올바른 판단을 할 수 있어야 한다. 이는 내면에 충분히 귀를 기울여 자신의 성향과 특성을 바르게 파악하는 것에서 출발한다. 이렇게 하나씩 바꿔가는 인생과 이렇게 만들어진 삶 속에서 당신은 매일 한걸음씩 행복을 향해 다가가고 있을 것이다. 명리학의 고전 『연해자평(淵海子平)』에서도 "운명을 미리 보는 것이 목적이 아니라, 현재의 기운을 알고 잘 활용하는 것이 중요하다."고 했다.

인생은 마라톤과 같다. 때론 무릎이 깨져도 달려야 하고, 지치면 걷거나 기어가면서 마지막까지 완주하는 것이다. 우리가 온갖 상상력을 동원해 걱정하고 두려워하는 일은 거의 일어나지 않는다. 다만 행동의 결과를 예측할 수 없으니 그런 불확실성이 두려움을 조장할 뿐이다. 그러니 두려움에 갇혀 자신의 가능성에 한 발짝도 내딛지 못하는 우둔한 일은 하지 말자.

지금 당장 나를 불행하게 만드는 요소를 하나하나 없

애라. 이는 논리가 아닌 마음으로, 즉각적으로 반응하는 직감에 의해 결정해야 한다. 그러면 자신을 옭아매고 있는 수많은 족쇄에서 벗어날 수 있을 것이다.

타인의 시선으로 보는 행복은 부질없다. 세상이 말하는 공명과 출세가 자신의 타고난 성향이 원하는 것이라면 문제가 없다. 그러나 우리 모두가 세상이 말하는 성공의 길에 줄 설 필요도 없고 그렇게 해서도 안 된다. 나다운 일을 선택하고 천성에 맞는 사랑과 생활 패턴을 유지할 때만이 행복할 수 있다.

안정적이라는 이유 하나로 공무원이 되고 싶다는 학생들을 볼 때 안타깝기 그지없다. 국가의 발전을 위해, 불합리한 제도를 개선하기 위해 또는 국민의 삶에 기여하기 위해라는 정도의 거창한 대의명분은 아니더라도 어떤 이유 없이 단지 안정적이라 공무원을 원하는 인생에서 어떤 철학이나 가치관이 담길 수 있겠는가. 빈껍데기인 허망한 삶만이 기다리고 있지 않을까. 이제 그 빈껍데기를 깨부수고 나와야 할 때다.

죽기 전 자신의 모습을 생각해 보라. 적어도 행복을

위해 치열하게 살았던, 그래서 절대 후회하지 않는 인생을 원하지 않겠는가.

성급하면 바닥으로 떨어진다

운은 흐름을 따르는 것,
성급히 거스르면 흉하다. •「적천수」

　흥하고 망하는 수많은 사람을 보면서 성급하면 되는 일이 없다는 것을 느꼈다. 대박을 꿈꾸며 투자하면 쪽박을 차기 쉽다. 그리고 반드시 사기꾼이 붙게 된다.

　지금 이 사람 아니면 죽고 못 살겠다는 절박한 심정으로 하는 연애는 이별로 귀결되기 십상이다. 사랑이 끝날까 봐 불안해하고 온통 마음을 빼앗겼으니 당당한 연애를 할 수 없다. 그런 사람에게 매력을 느끼는 사람은 드물다. 일도 마찬가지다. 원칙과 기준을 무시한 채 막무가내로 밀어붙이면 끝이 좋지 않다. 기본을 무시한 효율성은 절대로 오래가지 못한다.

사람을 판단할 때 자신이 처한 상황은 매우 중요하다. 사람을 읽는 능력이나 직감이 탁월해도 자신이 처한 상황에 따라 정말 얼토당토않은 예측이나 판단을 할 위험이 있기 때문이다.

어느 날 얼굴이 초췌해질 대로 초췌해진 남자가 찾아온 적이 있다. 얼굴빛도 탁하고 수심이 가득한 얼굴은 말을 걸면 금방이라도 눈물을 흘릴 것 같았다. 조심스레 들어오는 그는 기가 죽어 보였다. 사연은 이랬다. 결혼을 앞두고 얼마 되지 않은 결혼 자금을 불려보려는 마음에 주식을 했는데 처음에는 버는 듯싶었으나 욕심을 부리다가 가진 돈을 모두 날려버렸다. 여러 은행 대출, 제 2금융권 대출, 카드론에 현금 서비스까지 모두 끌어다가 주식시장에 넣었지만 결과는 처참했다. 그로 인해 집에도 큰 충격을 안겨주었고 오랫동안 사귄 여자친구와도 헤어지게 되었다. 게다가 엎친 데 덮친 격으로 누군가를 소개받아 있는 돈 없는 돈 끌어모아 투자했으나 결과는 역시 허망

했다. 날린 돈에 대한 보상 심리가 가져온 파국이었다.

지인 소개로 만난 그 사기꾼의 핸드폰은 만날 때마다 끝도 없이 울려댔다. 이렇게 투자하려고 서로 아우성이니 자칫하다 내 차례도 오지 않겠다 싶어 한시라도 빨리 돈을 주고 싶었다. 사람은 자기가 보고 싶은 대로 보고, 믿고 싶은 대로 믿는다. 그는 빗발치는 전화 문의를 신뢰로 받아들였으나 사실 그 전화는 빚 독촉 전화였다. 수익금이나 투자한 돈의 원금을 주겠다고 약속한 날짜를 지키지 못하자 투자자와 채권자들이 계속 독촉 전화를 했던 것이다.

사람 사는 모습을 찬찬히 살펴보면 좋은 일도 그렇지만 나쁜 일도 연거푸 이어서 온다. 이제는 아니겠지 싶은 마음으로 기대해도 상황은 더 악화된다. 운은 좋은 때와 나쁜 때가 있고 그 상태가 당분간 지속되는 면이 있다. 이때 사람 마음은 점점 더 조급해진다. 한번 실패하면 관성에 의해 또 다른 실패가 찾아온다. 반면 성공의 경험은 또 다른 성공에 대한 이미지를 확실하게 그려낸다.

좋지 않은 상황이 생기면 다음 일에 대해 섣불리 판단

하거나 움직여선 안 된다. 일단 멈춰야 한다. 실패의 경험이 나를 잡지 못하도록 줄을 끊어야 한다. 본전이라도 찾겠다는 생각으로 지난 일에 미련을 갖고 또 다른 일에 덤벼들면 백전백패다. 그리고 한참 지나고 난 후에야 깨닫는다. 그때 조금 잃고 조금 실패했을 때가 그래도 행복했던 때였음을.

물론 실패도 의미가 있다. 실패를 통해 사유와 철학이 생기기 때문이다. 이런 경험은 더 큰 실패와 고통을 피하게 만들고 큰 성공의 밑거름이 되기도 한다. 하지만 늪에 계속 빠져 있을 이유는 없다. 어느 정도 위험이 인식되면 죽기 살기로 빠져나와 거친 숨을 고를 시간이 필요하다. 그 시간에는 늪에 빠져 더러워진 신발에 대한 미련을 버리고 현실을 인정해야 한다. 어떤 연유건 일이 이미 벌어졌다면 그 벌어진 판, 상황을 인정하자. 그래야만 일어설 수 있다.

남을 살피는 것이
나를 위하는 것이다

◆ 이타심

利他即是利己
이타가 곧 이기다.
남을 이롭게 하는 것이 곧 자신을 이롭게 한다.

　맹자는 남을 불쌍히 여기는 마음이 곧 인(仁)의 시작이라고 했다. 남을 살피는 마음이야말로 인간 본성의 핵심이다. 이것은 회사에서도 마찬가지다. 직급이 올라가거나 나이가 들어 후배가 많아질수록 사람을 읽고 조직 내의 기류를 읽는 통찰력이 필요하다. 자신이 관리하는 팀원의 업무 태도는 물론, 그들이 겪는 다양한 문제에 대해 깊은 관심을 갖는 것이 통찰력의 전제 조건이다.
　만일 팀원이 평소와 다르게 서류를 정리하고 사무 용

품을 버린다면 정리와 관련된 책을 감명 깊게 읽었거나 곧 퇴사하려 한다는 것 정도는 쉽게 알아차려야 한다. 적어도 팀장이라는 직함을 달고 있다면 아무리 자기 실무가 바빠도 이 정도는 파악할 수 있어야 한다.

만일 자기 팀원들이 계속 퇴사하는 상황이 벌어진다면 분명 본인에게도 책임이 있다. 그런데 그런 책임감을 전혀 느끼지 못하는 사람도 있다. 팀원의 한 사람처럼 행동하면서 팀원 중 가장 높은 사람이라고 착각하면서 말이다. 밑에 직원들에게 무슨 일이나 문제가 있든 관심 따위 없이 그저 나만 편하게 월급만 받으면 된다는 식이면 아무리 그 속내를 감추려 해도 드러나기 마련이다.

이런 유형의 관리자는 기본적으로 타인에 대한 관심과 애정이 없다. 자신의 기준만 합리적이라고 생각하면서 그것을 위안으로 살아간다. 그래도 월급은 받아야 하니 귀찮아도 꾸역꾸역 일을 하지만 팀원이라 한들 그들 인생이 나와 뭐 그리 연관 있나 싶은 마음일 뿐이다.

사실 다른 사람들의 삶에 관심을 갖는 건 쉽지 않다. 사람들은 자신과 가족, 그리고 친분 있는 사람들에게 어느 정도 집중하고 그 외의 다른 관계에는 관심 가질 여력이 없을 만큼 바쁘게 산다. 설령 관심이 있어도 얕은 호기심인 경우가 많다.

타인의 시선에 지나치게 신경 쓰는 사람은 그로 인해 남들보다 더 많이 자존심이 살기도 하고 상하기도 한다. 하지만 남의 시선에 얽매일 이유가 없다. 내가 남의 시선에 지나치게 신경을 쓰는 것이 허무할 만큼 다른 사람들은 나에게 관심 갖지 않는다.

사람은 누구나 주인공이 되고 싶어 한다. 자기가 이야기의 중심이 되었을 때 가장 유익하고 즐거운 시간이 된다. 특히 잘나갈 때는 주변 사람들의 삶이 더욱 보이지 않는다. 이렇게 잘나가는 이유가 오직 자신의 능력과 노력 때문이라고 생각한다. 다른 사람의 삶은 보잘것없이 느껴지고 왜 저렇게밖에 살지 못하는지 하찮아 보일 수 있다.

'왜 나처럼 노력을 안 해? 왜 능력이 고작 그것밖에 안 돼? 그러니 저렇게 살아가는 꼴이 당연한 거 아닌가!'라는 오만함이 주변 사람들을 멀어지게 할 수 있다. 하지만 큰 실패를 맛본 뒤 세상을 바라보면 그때는 달리 보이기 시작한다. 나보다 더 힘들게 사는 사람들이 있음을 알게 되고 그럼에도 열심히 살아가는 사람들을 보면서 반성하기도 하고, 존경하는 마음도 갖는다. 내가 뭐였다고 그리 겸손하지 못하게 살아왔는지 후회하면서 생각이 깊어진다. 그리고 자기보다 경제적, 정신적으로 풍요롭지 못한 삶을 살고 있다 해서 그들을 깔보거나 무시할 수 없다는 걸 깨닫게 된다.

사실 인생은 수많은 난관을 극복하는 과정이고 이를 통해 만들어진 자기만의 철학으로 행복을 좇는 긴 여정이다. 행복은 일정 수준까지는 돈과 비례하지만 어느 정도 기본적인 생활이 갖춰진 후에는 수많은 다른 요소에 의해 좌우된다.

인간은 불평이 많은 동물이다. 출근길에 투정하고 마트에서 줄을 길게 서면 짜증부터 난다. 사랑하는 사람과 다투어 괴롭고 힘들어 살맛 나지 않는다고 말한다. 매일 반복되는 생활이 지겹다고 한다. 하지만 어찌 보면 이런 불평과 불만도 병마와 싸우며 하루 앞도 장담 못하는 이들에겐 간절히 원하는 일상이다.

우리가 다른 사람들의 삶에 관심을 가져야 하는 이유는 더불어 사는 세상을 만들기 위해서만이 아니다. 결국 자신을 위해서다. 다른 사람의 삶이 눈에 들어온다는 것은, 내 삶도 측은하게 느낄 여지가 생겼다는 것을 의미한다. 이제야 객관적으로 자신의 과거와 현재를 바라볼 수 있는 셈이다. 거울을 통해 자신의 모습을 바라보듯 내면을 바라보며 내가 그때는 많이 외로웠구나, 힘들었구나 하고 자신을 위로할 수 있다. 나아가 그런 자기 위로가 있은 후에야 비로소 다른 사람을 옳게 받아들일 수 있다.

그렇게 되면 다른 사람들이 측은해 보이기 시작한다. 이렇게 살 수밖에 없었던 부모의 삶이 보이기도 하고, 다 나름의 이유가 있었다는 것도 알게 된다. 가까운 사람들을 이해하고 용서하게 된다. 오랫동안 마음을 주고받은 남자친구가 자신을 방치한 것만은 아니라는 사실도 알게 된다. 그도 인생의 무수한 고민에 괴로워하고 수많은 상처를 이기느라 아파하고 있었다는 것도 이해하게 된다. 그러면 마음이 열리고 용서하게 된다. 그 남자를 전보다 존중하게 된다.

이렇게 자신과 주변을 돌아보면 '사람들이 갑자기 나에게 왜 이러지?' 하는 의문을 품지 않는다. "엄마, 왜 갑자기 그렇게 말하는 건데?" "너 또 갑자기 왜 그러는 거야?" 이런 말을 잘 생각해 보자. 세상 일에 '갑자기'라는 것은 없다. 자신이 했던 말이나 행동 중 '갑자기' 그렇게 한 경우가 얼마나 되는가? 그들도 이미 많은 신호를 주었지만 그 신호와 이야기를 자신이 깨닫지 못하고 있었을 뿐이다.

　영화 「내 친구의 집은 어디인가」를 보면 이런 대사가 나온다.

　아마드　　숙제 검사 했니?
　네마자데　아니.
　아마드　　내가 네 숙제 해왔어.

　영화 마지막쯤 초등학생 둘이 나누는 대사를 듣고 순간 눈물이 핑 돌았다. 사람에 대한 관심과 사랑이 느껴졌기 때문이다. 그리고 친구 숙제를 대신하기 전, 영화 속

이야기에서 아마드의 진심이 느껴졌다. 아이를 통해 진정성까지 갖춘 사람에 대한 연민이 가슴 깊이 다가왔다.

숙제 검사 시간에 영화는 시작된다. 숙제를 공책에 하지 못한 네마자데는 선생님에게 심하게 꾸중을 듣고 울음을 터뜨린다. 짝꿍인 아마드는 옆에서 친구를 애처롭게 바라본다. 집에 돌아온 아마드는 숙제를 하기 위해 공책을 펼치다가 실수로 네마자데의 공책까지 가져온 사실을 알게 된다. 아마드의 눈앞에 네마자데의 우는 모습과 숙제를 한 번만 더 안 해오면 퇴학시키겠다던 선생님의 엄포가 떠오른다. 아마드는 어머니 몰래 친구 공책을 들고 네마자데가 사는 마을 포시테로 향한다.

아마드의 어머니는 아마드가 실수로 네마자데의 공책을 가지고 왔다고 상황을 설명해도 듣지 않았다. 어머니의 관심은 오직 자기 아들인 아마드가 딴 짓을 하지 않고 빨리 숙제를 마치는 것뿐이다. 하지만 네마자데가 한 번 더 숙제를 하지 않으면 퇴학을 당할 수 있는 처지를 알고 있는 아마드는 어머니 몰래 먼 동네인 포시테로 한걸음에 달려갔다.

아마드의 예상과는 달리 포시테는 제법 큰 마을이었다. 길을 헤매고 지나가는 사람에게도 물어보지만 아무도 네마자데가 누군지 모른다. 아마드는 점점 초조해진다. 일단 마을로 다시 돌아온 아마드는 엄마와 할아버지의 심부름으로 바빠진다. 그러던 중 우연히 네마자데의 아버지를 발견하고 반가운 마음에 포쉬테 마을로 돌아가는 그를 쫓아 다시 달린다. 그러나 어렵사리 따라가 도착한 그의 집에는 네마자데가 없었다. 그 동네엔 네마자데라는 이름이 한둘이 아니었고 그 남자도 다른 네마자데의 아버지였다.

벌써 골목길에 어스름이 잦아들고 친구 공책을 들고 달리던 아마드는 힘없이 집으로 돌아간다. 결국 아마드는 밤새워 친구 숙제까지 대신한다. 다음 날, 선생님은 여느 때와 같이 숙제 검사를 하고 네마자데는 초조하게 차례를 기다린다. 그때 뒤늦게 교실에 들어선 아마드는 친구에게 공책을 건넨다. 그리고 네마자데의 옆에 앉아 "숙제 검사 했니?" 하고 물어본다. 네마자데가 "아니"라고 대답하자 "내가 네 숙제 해왔어"라고 말한다. 선생님이

펴든 네마자데의 공책에는 작은 꽃잎이 꽂혀 있고 잘했다는 칭찬을 받으며 영화는 끝난다.

    자신의 처지는 고려하지 않고 누군가를 위해 무작정 달려본 적이 있는가? 다른 것은 고려하지 않고 오로지 상대방만을 위해 달리고 뛰어본 적이 있는가? 우리는 누구나 인생을 살면서 큰 숙제를 어깨에 짊어지고 살아간다. 남들이 봤을 때 대수롭지 않게 느껴져도 본인에게는 무거운 짐일 수 있다. 사람을 만나는 일은 이런 짐을 덜어줄 수 있는 상대를 만난다는 의미다. 그로 인해 새로운 관점을 배울 수 있고 폭넓게 인생을 바라볼 수 있으며 든든한 지원군까지 얻는 계기가 될 수도 있다.

    그 사람은 평생 함께할 반려자가 될 수도 있고 친구나 사업 파트너, 직장 선후배, 동료도 될 수가 있다. 이런 인연을 맺으면 상대에게도 따뜻함을 전해주지만 자기 자신을 포근하게 하는 정서적 충만감도 얻을 수 있다.

    지금 가까이에 있는 소중한 사람에게 이렇게 말해준다면 버겁게만 느껴지는, 인생이라는 긴 여정에 큰 위안과 위로를 줄 수 있다. "혼자서만 붙잡고 있지 않아도 돼. 좀 내려놔도 돼. 내가 해줄게. 네 숙제." 설령 상대가 장난으로 가볍게 받아넘긴다 해도 따뜻한 말 한마디가 주는 위로는 살아가는 데 큰 힘이 될 것이다.

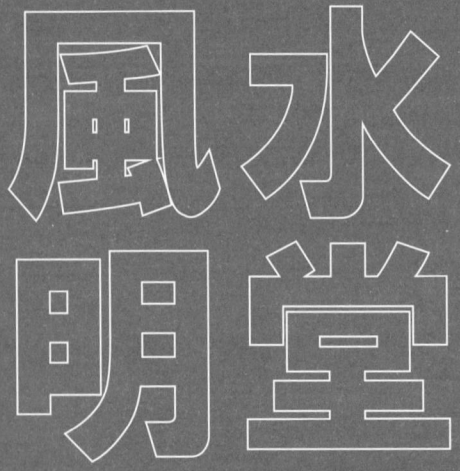

풍수명당 ◆◆◆◆◆◆

운을 부르는 자리가 있다

지혜로운 사람은 물에서,
어진 사람은 산에서 기운을 얻는다.

『논어』

부자 동네가
산 중턱에 만들어지는 이유

너무 높으면 바람에 꺾이고,
너무 낮으면 물에 잠긴다.

❖ 발복

　돈과 사람이 모이는 부자 동네는 찬바람이 들이치지 않고 양지바른 지역이 많다. 또 대체로 남향이 많은데, 남향집은 대체로 여름에 시원하고 겨울에 햇볕이 집 안 깊숙이 들어와서 따뜻하기 때문이다. 한남동, 성북동, 평창동도 대부분이 남향집이다.

　하지만 남향이라고 하더라도 앞에 막힘이 없어야 한다. 옹벽, 다른 건물, 산으로 콱 막힌 곳을 바라보며 발복(發福)을 기대할 수 없다. 평지에는 아무래도 막힘이 없을 수 없고 평지보다 조금 높은 곳이 막히고 가려지는 게 없어서 좋다.

완전 시야가 탁 트인 곳은 도리어 기가 흩어질 수 있으니 그 전망에서도 생기의 응집을 느낄 수 있는 자리여야 한다. 너무 휑하니 자신의 집이 모두에게 드러날 정도로 벌거벗은 느낌이어서는 안 되고 안정감 있게 폭 감싸 안겨 있으면서, 전경이 다소곳이 한적하게 눈에 들어와야 한다. 한강 인근의 빌라나 아파트의 통창은 건강운과 재물운도 깨질 수 있어 풍수적으로 바람직하지 않으니 이중 커튼으로 하여 창쪽 얇은 커튼으로 과한 전망을 다소 막는 것이 낫다. 탁 트여진 멋진 전망은 가끔 카페나 호텔에서 즐기는 정도가 좋다.

무조건 남향집을 고집하는 것도 안 된다. 강남 한강변 아파트의 경우는 북향으로 한강을 바라봐야 좋다. 강남 입지는 우면산과 대모산의 지맥이 한강 쪽으로 흘러 내려오다가 강을 만나 지기가 응집되었다. 무조건 남향집이 좋다기보다는 자연의 조화를 생각하고 지세를 고려해야 한다. 산줄기의 지기가 응집된 곳에 집을 짓고 지맥의 흐름에 순응한다면 북향집도 명당이 될 수 있다. 남향집을 원한다고 산을 앞에 둘 수 없고 물을 등 뒤에 둘 수는 없는 노릇이다.

또 산 등줄기의 가장 높은 곳, 산마루에 집이 있는 경우는 없다. 그런 집은 바람이 사방에서 드세게 불어 들어오니 기가 흩어진다. 근심과 걱정이 끊이지 않아 소위 바람 잘 날 없는 집이 된다.

보통 좋은 집은 산과 강의 기온 차이로 밤에는 산바람, 낮에는 강바람이 선선하게 불어 생기와 활력을 주는 산 중턱의 경사가 완만한 위치에 있는 경우가 많다. 경사가 완만하지 않고 급격한 터는 물이 속절없이 빠져 재물이 머물지 못하고 모두 흩어지는 자리다. 경사가 급한 땅은 땅이 기울어졌다는 것이고, 이는 바람이 심하게 불어 땅이 깎였다는 말이기도 하다. 만일 강물이나 냇물이 하염없이 흘러나가 멀어지는 모습이 보이는 집이라면 우선은 관엽식물로 물길이 보이지 않게 하고 다른 집을 알아보기를 권한다. 될 수 있는 한 이사하고 볼 일이다.

바다나 강이 너무 가까이에서 바로 보이는 집은 우울

감이 들 수 있고 기가 빠져나간다. 전문가가 아니라면 우선 강의 폭만큼 뒤로 밀린 입지를 기준으로 보아야 좋다. 특히 물이 나가는 방향을 바라보는 자리는 흉하며, 사업에 반드시 실패가 있고, 건강도 망가지기 쉽다.

부자 동네가 산 중턱에 만들어지는 4가지 이유는 다음과 같다.

1. 자연환경적 이유 : 산 중턱은 평지보다 공기가 맑고 바람이 잘 통하며 습기와 미세먼지가 아래쪽보다 적어 건강에 유리하다. 여름에는 시원하고, 겨울에는 산꼭대기보다 따뜻한 쾌적대(快適帶)를 형성한다. 또 산 중턱은 일조량 확보가 용이하고, 탁 트인 전망을 누릴 수 있다. 멀리 보는 시야가 권력과 부의 상징으로 여겨져 선호된다.
2. 풍수지리적 이유 : 뒤에는 산, 앞에는 물이 있는 지형이 길지(吉地)이며 산 중턱은 산의 기운(氣)을 받으면서도 계곡의 습기나 산꼭대기의 험함을 피할 수 있다. 즉, 고도가 너무 낮으면 습하고 병이 많고, 너무 높으

면 바람이 세고 험하다. 이렇게 '중턱'은 자연의 중용(中庸)을 따르는 조화로운 자리로 여겨진다.

3. 사회경제적 이유 : 역사적으로 성곽이나 부호의 집은 평지보다 높은 곳에 지어 안전을 확보했다. 도둑이나 침입자를 감시하기 유리하기 때문이다. 또 평지는 농업이나 상업 용도로 쓰였기 때문에 부유층은 오히려 농토와 구분되는 주거 전용지(중턱)에 살며 신분을 드러냈다. 고급 주택단지(예: 서울 평창동, 미국 비벌리힐스)는 대부분 산 중턱에 조성된다. 이는 조용하고 프라이버시가 보장되며 경관과 환경이 좋아 고소득층이 선호하기 때문이다.

4. 문화적·심리적 해석 : 동양에서는 높은 곳에 거주하는 것은 하늘과 가깝고 기운을 받는 자리라는 상징이 있다. 서양에서 힐(hill)과 하이츠(heights)라는 지명은 고급 주거지와 연결된다. 높은 곳에 거주하는 것은 사회적 지위를 표현 하기도 한다.

바람을 소홀히 하면
건강을 잃는다

바람은 부드럽게 스며들면 길하나,
성급히 휘몰아치면 흉하다. •『주역』

❖ 풍파

풍파(風波)는 세찬 바람과 험한 물결을 이르는 말이다. 세상살이의 어려움이나 고통, 심한 분쟁이나 분란을 의미한다. 실제로 바람이 세차서 좋은 경우는 없다. 뇌우와 우박을 동반하는 토네이도와 폭풍우로 피해를 주는 태풍과 같은 격한 바람도, 바다나 큰 호수에서 대량의 물이 순간적으로 이동해 발생하는 일련의 파도인 쓰나미도 우리의 일상을 고되게 만든다.

풍파라는 말에서도 볼 수 있듯이 풍파가 없는 곳은 바

람이 고요하고 물은 잔잔한 땅이다. 바람은 더위를 날려주고 정체된 공기를 순환시켜 생기를 만든다. 그러니 시원하고 가볍게 부는 산들바람은 도리어 해가 없고 긍정적이다. 넓은 평지에서 부는 바람은 걱정할 것이 없다는 말이다. 다만 문제가 되는, 꺼리는 바람은 일정한 방향에서 지속적으로 부는 센 바람이다. 이러한 바람은 기온과 기압을 떨어뜨리고 수분을 발생시킨다.

물이 수압이 센 곳에서 작은 쪽으로 이동하듯 바람도 기압이 큰 곳에서 작은 곳으로 이동한다. 공기는 많은 곳에서 적은 곳으로 이동하려는 성질이 있기 때문이다. 그래서 우리가 바람이 부는 곳에 서 있으면 바람이 불어오는 쪽이 고기압, 바람이 불어가는 쪽이 저기압이라는 것을 알 수 있다.

저기압에서 형성되는 태풍처럼 바람은 늘 저기압을 동반한다. 그런데 기압은 사람의 건강과 직결되는 요소로 인간은 날씨가 궂은 저기압에서는 신경통이나 관절염이 증가하고 우울증이 심해진다. 저기압이 사람에게 좋지 않다는 점을 보여주는 증거다.

초고층 건물이나 주상 복합도 바람을 많이 받는 저기압권에 자리 잡고 있어서 문제가 된다. 보통 땅에 가까운 낮은 지역에는 마찰에 의해 바람이 거의 불지 않으나 높이 올라갈수록 바람이 많이 불고 풍속도 빨라진다.

빠르게 부는 바람은 대기의 압력을 낮춘다. 즉 바람이 없는 낮은 지역은 고기압권을 이루나 바람이 빠른 초고층건물 주변은 공기의 압력이 낮아 저기압권을 이룬다.

좋은 땅에는 고기압이 흐르고 나쁜 땅에는 저기압이 흐른다. 사면이 산으로 둘러싸여 바람을 막아주면 기압층이 고기압 지대를 이루니 기가 오래 머무는 명당이 된다. 바람을 많이 받는 터를 명당에서 제외하는 까닭은 저기압이기 때문이다.

따라서 초고층 건물이 사무 용도가 아니라 사람이 매일 잠을 자고 생활하는 주거 용도일 때에는 거주자의 건강에 좋지 못한 영향을 줄 수 있다.

하늘로 치솟은 주상 복합이나 초고층 건물의 주인이 오래지 않아 바뀌는 경우가 많은 것은 터가 좋더라도 강한 바람에 시달리는 건물은 주인의 운이 순탄하지 않을 수 있다는 것을 보여준다. 또 빌딩과 빌딩 사이에는 바람길이 생겨 날카로운 칼바람이 일어나니 바람이 강하게 불지 않는 주거지역인지를 확인하는 것도 중요하다.

바람은 피하고 볼 일이다. 좁은 틈으로 지속적으로 들어오는 칼바람도, 계곡풍 골바람도, 높은 빌딩 사이 바람길을 만들어 거세게 치는 빌딩풍도, 바다의 해풍도 말이다. 바람만 피해 살아도 부자가 될 수 있다.

높이높이 치솟은 초고층 주상 복합 아파트들은 하늘을 향해 더 높이 자라고자 하는 큰 나무, 갑목을 닮았다. 그리고 그것은 남들에게 보이기 위한 욕망을 드러낸다. 안에서 밖을 바라볼 때의 전경보다 어쩌면 밖에서 바라보는 즐비하게 늘어선 거대한 마천루의 위용이 더 아름다운, 개인의 행복이라는 관점에서 보면 모순이다. 많은 사람이 운을 버리고 욕망에 매몰되는 듯해서 안타깝다.

물은 곧 재물이다

山管人丁, 水管財
산은 사람을 다스리고,
물은 재물을 다스린다.

풍수라는 말은 장풍득수(藏風得水)에서 온 말로, 바람을 감추고 물을 얻는다는 뜻이다. 풍수에서 '생기'는 바람을 만나면 흩어지고, 물을 만나면 비로소 멈춘다고 본다. 즉, 풍수에서 말하는 이상적인 지형 조건이란 바람은 막고 물을 얻는 것이다. 바람은 고요하고 물이 잔잔한 땅이 사람 살기 좋다는 말이다.

배산임수(背山臨水)는 북서풍의 모진 바람은 막고 필요한 물을 안정적으로 공급받는 조건을 갖춰야 한다. 이렇게 물은 생기와 재물을 의미하기 때문에 풍수는 바람과 물의 길흉에 달려 있다.

특히 물이 모이는 곳에 사람이 모이고 시장이 생기며 재물이 쌓이고 마을과 도시가 형성된다. 풍수 고서 『인자수지』에는 '산관인정 수관재물(山管人丁 水管財物)'이라 하여 산은 사람을 관리하고, 물은 재물을 관장한다고 하였다. 또 물이 깊고 많은 곳에는 부자가 많이 나고, 물이 얕고 적은 곳에는 가난한 사람이 많이 나며, 물이 많이 모이는 곳에는 재물이 풍부하지만 물이 흩어지는 곳은 그와 반대라고 기록하고 있다.

조선 중기 실학자 이중환의 『택리지』에도 택지 주변에 흐르는 물의 형태와 양, 방향, 속도 등에 따라 그곳에 사는 사람들의 빈부가 결정된다고 하였다. 이렇게 풍수에서 물은 곧 재물로 본다.

'바닷가에 귀인이 없다'는 말은 바다를 정면으로 한곳에 명당이 없다는 말이다. 즉 수량(水量)이 너무 많은 곳에는 좋은 혈(풍수에서 정기가 모이는 자리)이 맺히지 않는다는 것이다. 자연은 조화롭게 균형이 잡혀 있다. 때로는 가뭄으로, 때로는 홍수로 한쪽으로 치우치기는 하지만 다시 자연스럽게 자연이라는 본질로 돌아온다.

자연의 물(양)과 땅(음)은 서로 음양의 조화를 이루며 긴 세월 가다듬어져 왔다. 하지만 바닷가는 바람이 거세고 수시로 밀물과 썰물이 들어오고 나가며 그 변화가 심하다. 광활한 바다와 거대한 육지가 만나는 접점에는 기압차도 크다. 바람은 잔잔하고 물은 고요해야 하는 풍수에 정확히 반하는 입지다.

또 한눈에 바라볼 수 없을 정도로 아득하게 멀고 넓어서 끝이 없는 바다 전망은 마치 계곡물의 끝지점인 수구(水口)가 볼품없이 크게 열려 있는 모양으로, 그 빠른 유속으로 인해 물빠짐만 거세지는 모양새이니 건강과 행운에 다가설 수 없는 입지이기도 하다.

잔잔하게 굽이치고
터를 감싸고 흐르는 곳

水環抱則富, 水直去則貧
물이 감싸면 부유하고, 곧게 가면 빈궁하다.

 물은 그 흐름이 잔잔해야 한다. 폭포수처럼 큰 소리를 내거나 여름 장마철 범람하는 골짜기 물처럼 거세고 급하게 움직이는 것은 좋지 않다. 물소리가 심하게 들리는 곳은 물이 빠르게 빠져나가고 골바람도 심하다. 가만히 오랫동안 관찰해도 마치 물이 멈춰 있는 듯 도대체 물이 어디서 흘러들어 오고 어디로 흘러나가는 것인지 잘 알 수 없을 정도로 잔잔해야 좋다.

 물의 흐름이 잔잔하려면 물길의 굽이침이 많아야 한

다. 발원지인 강원도 검룡소에서 시작하는 한강은 동에서 서로 흐른다. 이 한강을 보더라도 W모양으로 물길이 굽이쳐 역동적으로 흐르는 모습인데 이는 곧 물이 머물고자 하는 힘이니 생기가 충만해진다.

서울의 발전도 자양, 잠실, 신천, 성수, 옥수, 압구정, 청담, 동부이촌, 잠원, 반포, 마포와 여의도 등 W모양으로 한강이 굽이치는 지역을 중심으로 발전해 왔다. 이렇게 물길의 굽이침이 많은 곳은 성공을 맛볼 수 있는 자리가 된다.

반면 난지도라고 불렸던 상암동 월드컵 공원 일대에서 파주까지의 한강 물길 구간은 물이 일자로 쭉 직수로 흘러가는 구간으로, 상대적으로 크게 발전하지 못했다. 물이 곧게 직수로 흐르면 물의 속도가 빨라지고 바람도 거세져서 풍파가 많아져 재물이 머물지 못하고 흩어진다.

이는 서울의 한강뿐만이 아니다. 고대 로마의 유적지가 늘어서 있는 로마의 테베레강도 예외가 아니다. 로마가 세워지고 망할 때까지 1200년 역사를 지켜본 로마의 테베레강도 로마 한가운데를 S자 모양으로 흘러간다. 영국의 역사 발전에 직간접적으로 영향을 미친 템즈강도 영국의 수도이자 한때 제국의 수도였던 런던 중심부를 굽이굽이 관통하는 모습이다. 파리의 센강과 베를린의 슈프레강을 보더라도 강의 물길이 춤을 추듯이 굽이침이 역동적으로 반복된다.

물길이 감싸고 돌아가야 재물이 풍족해진다. 물길이 감싸 돌아 환포하는 안쪽 자리가 길지이고 그 반대편 자리가 흉지가 된다.

안동의 하회마을은 민속적 전통과 건축물을 잘 보존한 풍산 유씨(柳氏)의 씨족 마을이다. 하회마을은 물이 마을을 휘감아 돈다고 하여 하회(河回)마을이라 불렀다. 강 건너 부용대에 올라보면 마을 전체를 조망할 수가 있는데, 물길이 S모양의 태극 문양과 같아 이 마을의 지형을 태극형 또는 연꽃이 물 위에 떠 있는 형상에 비유하여 연화부수형(蓮花浮水形)이라고도 한다. 낙동강 줄기가 마을을 싸고돌면서 S자형을 이룬 형국을 말한다.

연꽃은 풍요와 다산을 상징한다. 연은 뿌리를 물속 깊이 내려 향기로운 꽃과 아름다운 열매를 맺는 식물이므로 자손이 많이 나고 걸출한 인재를 배출한다고 하였다. 그런 연유로 조선조 최고의 학자인 서애 유성룡과 그의 형 겸암 유운용을 비롯한 여러 선비와 고관들이 배출되었다.

풍수가 좋은 자리

山管人丁, 水管財 · 『삼명통회』
산은 사람의 자손을, 물은 재물을 주관한다.
지형과 환경(위치)이 곧 후손과 부귀의 운명으로 이어진다.

풍수를 전혀 생각하지 않더라도 좋은 집과 인연을 맺으려면 임장을 다닐 때도 발품을 팔고 정성과 에너지, 시간을 들여야 한다. 발복하는 자리를 찾기 위해서는 공부도 필요하지만 기가 좋은 곳에 직접 가보고 공간과 터, 지형을 느끼면서 내면화하는 것도 중요하다. 그렇게 내면화된 안목이 기준이 되어 이후에 집이나 사무실 등 어떤 공간을 찾을 때 상당한 도움을 받을 수 있다.

한남동은 뒤쪽으로 남산이 병풍처럼 막아 배산하고

있고 남쪽에는 한강이 흐르고 있는 지형이다. 일조량이 좋고, 드세지 않은 시원한 한강 바람이 생기를 만든다. 남산에서 뻗은 지맥이 한강을 만나 물 바로 앞에서 지기를 응집했으니 거북이가 물을 마시는 형상의 길지이다. 재물복이 넘치고 집집마다 재물이 가득 쌓이는 모양새이다.

물론 한남동 일대 및 유엔빌리지에도 입지와 좌향 또는 건물이 들어선 상호 관계에 의해서 좋지 않은 곳도 있으니 그 주변 모두를 길지로 받아들여서는 안 된다. 심지어 빌라 호수에 따라서도 길지와 흉지로 나뉘기도 한다.

한남동과 서빙고동, 동빙고동, 이촌동과 용산, 그리고 우면산의 지맥이 한강을 향해 뻗어 있으면서 한강이 환포하는 자리 압구정동, 남산의 지맥이 한강을 금성수(풍수에서 말하는 물이 감아 도는 좋은 터)로 맞이하여 재복이 많은 동부이촌동, 아차산에서 남쪽으로 내려온 지맥이 한강쪽으로 들어나간 자양동에 이르기까지, 관심을 가지고 골목골목 걷고 오르고 다니면서 터가 좋은 동네와 도시의 에너지를 느끼고 내면화하기를 바란다.

원룸도 가능한 풍수 인테리어

마음이 고요하면
숲속도 궁궐이 된다. •『법구경』

100억대의 부자도 새로운 사업장에 잘못 들어가면 10년 만에 모든 것을 날리고, 1000억대의 부자도 험악한 악산을 마주보며 산 지 3년 만에 모든 것을 잃고 빚만 남을 수도 있다. 우리가 모르는 사이 공간의 에너지는 시나브로 영향을 미친다.

운과 복이 있는 사람은 현재의 자신을 받아들인다. 고통스러워도 받아들여서 더 바닥으로 떨어지지 않는다. 지금 있는 곳에서 일단 시작한다. 내가 현재 가진 것에 감사하면서 지금 할 수 있는 것을 하는 것이다.

그러니 지금의 공간이 원룸이어도 상관없다. 그 안에서도 나에게 맞는 생기를 만들 수 있다. 이러한 원룸, 오피스텔, 스튜디오 아파트는 보통 방 하나에 화장실만 구분되어 있고, 부엌과 생활공간이 모두 모여 있다. 직사각형 형태가 대부분인데 현관문을 열면 내부가 훤히 들여다보이는 구조다. 세탁기, 냉장고와 같은 가전제품과 붙박이장이 설치되어 있어 그 안에서 새로이 배치를 할 수 있는 것은 침대와 소파, 테이블 정도다.

그중에서 침대 배치가 중요하다. 현관에서 문을 열었을 때 바로 보이면 외부의 살기가 정화되지 않고 그대로 들어와 좋지 않다. 또 침대 베개에 누워서 현관문을 봤을 때 일직선상으로 보이면 흉하다. 머리 방향은 가급적 창 쪽으로 두지 않는 것이 좋은 데 좁은 틈에서 들어오는 차가운 바람은 건강에도 좋지 않고 숙면을 방해한다. 창문 쪽에 침대머리를 둬야하는 상황이라면 외풍을 막을 수 있는 두꺼운 커튼을 달아 풍수적으로 보완한다.

침대 맞은편에 큰 붙박이장으로 압도당하는 모양새

는 피해야 하며 침대 양옆 머리맡에는 가급적 철제, 유리 등 차가운 자재의 가구는 놓지 않아야 한다.

만약 집 앞뒤로 산과 강이 있다면 산쪽으로 머리를 둘 수 있도록 침대를 배치하면 좋다. 산으로부터 지맥을 따라 강이나 냇물로 흘러가는 지기의 흐름에 순응해서 자면 건강할 수 있기 때문이다. 또는 지대의 높낮이에 따라 지대가 높은 쪽으로 머리를 두면 지기의 흐름에 맞게 잘 수 있으므로 건강과 부귀를 얻는다.

현관문은 외부의 기가 안으로 들어오는 입구이기에 늘 깨끗하고 청결하게 관리해야 한다. 생기를 부르기 위해 자주 청소해 주고 군데군데 쌓인 먼지를 제거한다. 바닥 타일도 깨끗이 닦고 줄눈도 더러워지지 않도록 한다. 현관문 안뿐 아니라 문 밖도 주기적으로 청결하게 한다. 엘리베이터 홀이나 계단실 앞 또는 복도 청소는 청소 업체에서만 하는 일이라고 생각하지 말고 떨어져 있는 운을 줍는 것이라고 생각하자.

집안의 모든 가구나 물건들은 그 본래의 기능을 잃지 않도록 잘 관리해야 한다. 고장난 시계는 수리하거나 새로운 제품으로 교체하고 관엽식물이 죽거나 말라비틀어진 화분은 그 역할을 다했으니 새로운 식물을 심거나 버린다. 현관문 입구에 현관등이나 현관문 앞 비상구 유도등도 고장이 나면 즉시 교체한다.

그 기준은 오로지 제품이 존재해야 하는 기능과 역할이 상실된 것은 버리거나 상실된 부분을 수리하여 회복시키는 것이다. 특히 현관문은 문을 열거나 닫을 때 삐걱거리는 소리가 나서는 안된다. 전단지나 자석이 덕지덕지 붙어 있다면 떼어내서 정리한다.

신지 않는 신발은 신발장에 정리하고 우산이나 골프채, 유모차나 자전거를 두어 현관을 콱 막고 있지 않도록 한다. 생기는 서서히 들어와 응집과 확산을 반복하면서 비어 있는 공간을 흐른다. 막혀 있으면 생기가 머물 수도 움직일 수도 없다.

현관문 앞에 있는 세탁 박스도 없애고 택배로 온 박스도 바로바로 정리해서 되도록 깨끗한 상태를 유지한다. 문에 걸어놓은 우유 주머니가 있다면 없앤다.

현관의 전신 거울은 기를 반사시키고 현관으로 들어

오는 양기를 몰아내므로 너무 큰 거울은 없애고 상반신 정도 보이는 거울을 설치한다. 신발장 문마다 붙어 있는 거울은 쪼개진 형상이라 좋지 않으므로 하나의 거울만 남기고 나머지 문짝의 거울은 인테리어 필름지로 붙이거나 문짝을 교체하면 좋다.

간절한 소원이 있다면
관악산에 올라라

간절한 마음으로 바라는 이는
끝내 그 뜻을 이룬다. ◆『법구경』

❖ 기도 명당

　관악산은 기운이 맑은 터다. 산 정상부는 바위로 이루어져 있는데 그 모습이 갓을 쓰고 있는 모습을 닮아 관악산(冠岳山)이라고 부르게 되었다. '관'은 임금, 권위, 위엄을 상징한다. 관악산 정상인 연주대는 12개의 암봉들이 칼날 모양으로 불타오르듯 겹겹이 세워진 형상을 하고 있는데 멀리서 보면 그 모습이 닭의 벼슬을 닮았다. 관악산의 기운을 받으면 높은 벼슬에 오른다고 하는데 실제로 관악산 아래 서울대에서 수많은 벼슬 인재가 배출되었다.

관악산은 화기가 강한 산으로 불 기운은 성장과 발전을 도모한다. 암봉인 연주대의 강한 금 기운은 결실과 수확의 에너지다. 관악산의 솟구치는 암석 위에 자리하고 있는 연주대에 정성을 다하면 소원을 들어준다. 신분 상승이나 승진, 시험을 앞둔 이들이 기도를 위해 많이 찾는 터이기도 하다.

특히 같은 소원을 세 번 올라가 빌면 반드시 그 소원을 들어준다는 이야기가 있을 정도로 기도 명당이니 지금 힘든 일을 겪고 있다면, 발복하고 싶다면, 당신의 삶에 간절함이 있다면 주저하지 말고 관악산에 올라라.

그밖에 설악산 봉정암, 팔공산 갓바위, 남해 보리암과 선운사 도솔암 또한 권한다.

관악산의 좋은 기운을 담아

운명을 보는 기술

초판 1쇄 발행 2025년 10월 31일
초판 5쇄 발행 2026년 1월 23일

지은이 박성준
펴낸이 김선준, 김동환

편집이사 서선행
책임편집 최구영 **편집3팀** 이은애 **교정교열** 이정임
디자인 정란 **일러스트** 메종 더 광렬
마케팅팀 권두리, 이진규, 신동빈
콘텐츠본부장 조아란
콘텐츠팀 이은정, 장태수, 권희, 박미정, 조문정, 이건희, 박지훈, 송수연, 김수빈, 현유진, 정지호
뉴미디어팀 김선욱
경영관리 송현주, 윤이경, 임해랑, 정수연

펴낸곳 페이지2북스
출판등록 2019년 4월 25일 제 2019-000129호
주소 서울시 영등포구 여의대로 108 파크원타워1, 28층
전화 070)7725-5890 **팩스** 070)4170-4865
이메일 page2books@naver.com
종이 월드페이퍼 **인쇄·제본** 한영문화사

ISBN 979-11-6985-162-6 (03180)

- 책값은 뒤표지에 있습니다.
- 파본은 구입하신 서점에서 교환해 드립니다.
- 이 책은 저작권법에 의하여 보호를 받는 저작물이므로 무단 전재와 복제를 금합니다.